Enzo Barillà

INCURSIONE NEI REGNI INFERI
ANALISI ASTROPSICOLOGICA DI PLUTONE

I edizione 2016

INCURSIONE NEI REGNI INFERI
ANALISI ASTROPSICOLOGICA DI PLUTONE

Enzo Barillà

> Visita Interiora Terrae Rectificando
> Invenies Occultum Lapidem
> (detto alchemico)

> Il mistero della creatività è, come quello del
> libero arbitrio, un problema trascendentale che
> la psicologia non può risolvere, ma soltanto
> descrivere. Anche la personalità creativa è un
> enigma la cui soluzione si cercherà in molti
> modi, ma sempre invano.
> (C. G. Jung, *Psicologia e poesia*)

> In sé l'archetipo non è né buono né cattivo. È un
> *numen* moralmente indifferente che solo attraverso
> lo scontro con la coscienza può diventare l'uno o
> l'altro o una dualità di opposti. La decisione per
> il bene o per il male sarà determinata, che l'uomo
> lo sappia o no, dall'atteggiamento da lui assunto.
> (C. G. Jung, *Psicologia e poesia*)

INTRODUZIONE

Contrariamente al simbolismo di Nettuno, che vanta deduzioni astrologiche basate su osservazioni consolidate nell'arco di 169 anni a partire dalla sua scoperta, diverso è il caso di Plutone.

Il pianeta fu avvistato solo il 18 febbraio 1930, quando si trovava a 17°46' nel segno zodiacale del Cancro. Abbiamo quindi solo 85 anni di esperienza per valutarne gli effetti, ben pochi se si considera che il pianeta impiegherà altri 158 anni prima di compiere un giro completo attorno allo zodiaco e ritornare sulla posizione in cui fu visto per la prima volta. Eppure, negli 85 anni che abbiamo alle spalle, l'astro ha ormai compiuto mezzo giro dello zodiaco, trovandosi a 14°45' in Capricorno nel momento in cui scrivo (23/12/2015)!

È solo una delle stranezze che contraddistinguono il pianeta, sulle cui caratteristiche astronomiche mi permetto di sorvolare. Non pochi astrologi per anni hanno preferito ignorarlo nell'interpretazione oroscopica, adducendo le motivazioni più svariate. Ad esempio, il pur valente Angelo Brunini ancora nel 1980 scriveva: «Plutone lo trascuro perché, avendo una latitudine molto alta e cioè che generalmente lo pone fuori dalla fascia zodiacale, la sua influenza, già ridotta a causa delle sue piccole dimensioni, la considero insignificante, d'altra parte l'esperienza sembra darmi ragione.[1]» Del resto, ancora non si è certi a quale elemento appartenga e quindi a quale temperamento corrisponda, con l'unica eccezione di André Barbault che opina per il temperamento bilio-nervoso. Similmente a Urano e Nettuno, non c'è ancora accordo sui segni zodiacali di esaltazione e caduta, mentre lo si considera ormai unanimemente domiciliato nello Scorpione.

Come è giusto che sia, ho intrapreso il mio personale viaggio alla scoperta di Plutone, dunque i miei ringraziamenti in questa occasione sono volti principalmente a mia moglie Lioba che ha avuto la pazienza di accettare le molte giornate di immersione pressoché completa in questa ricerca.

Nei piccoli schizzi dei personaggi che seguono – talvolta limitati a un enunciato estremamente sintetico e scabro – ho tentato di cogliere il distillato della personalità visto nella sua manifestazione

---

[1] Angelo Brunini, *L'avvenire non è un mistero*, Roma, edito in proprio, 1980.

concreta, scendendo quindi dagli astri all'umano. Difficile se non pressoché impossibile stabilire quanto abbia influito l'ambiente nell'eventualmente incoraggiare od ostacolare la naturale propensione del soggetto verso una manifestazione "altra" dell'esistenza. Solo per fare un esempio tra tanti, quanto ha influito la figura paterna nell'indirizzo professionale di Carlo Verdone, tenuto conto che il genitore era uno storico del cinema? E che successivamente il figlio – per quanto sia nel frattempo diventato un attore e regista molto valente, apprezzato da pubblico e critica – ha manifestato una notevole predisposizione alla medicina, tanto da ricevere attestato di stima dall'Università Federico II? In breve, Carlo Verdone avrebbe fatto il medico se avesse avuto un padre medico, o comunque diverso da quello che ha avuto? Un quesito destinato a restare senza risposta. È indubbio che l'interpretazione astrologica, in questo mio studio ovviamente sempre fatta *a posteriori*, rivestirebbe una maggiore utilità se ci aiutasse a comprendere ciò che si mimetizza dietro un comportamento esteriore, piuttosto che confermare quanto del personaggio è già noto. Un altro esempio ancora: il grandissimo baritono Tito Gobbi era dotato di un acume psicologico tale da permettergli uno scavo del personaggio da interpretare, il che gli consentiva una perfetta compenetrazione nel ruolo. Sarebbe esagerato ipotizzare che sarebbe potuto diventare un ottimo psicoanalista, contento di esibirsi come cantante per una ristretta cerchia di amici? E che cosa spinse l'indimenticabile Enzo Jannacci a laurearsi tardivamente in medicina, specializzarsi in cardiologia, e addirittura entrare nell'equipe di Christiaan Barnard, *dopo* essersi diplomato al conservatorio di Milano e *dopo* avere intrapreso una carriera già colma di soddisfazioni come musicista, paroliere, cantautore ed attore? L'astrologia non può illuminare le misteriose trame del destino, di fronte alle quali non possiamo che inchinarci; è già molto se essa può aiutarci a cogliere il senso profondo di un'esistenza.

I dati di nascita di personaggi nati in Italia provengono tutti dall'archivio Bordoni, mentre per i nati all'estero ho attinto all'archivio Rodden. Senza di essi, questo lavoro non sarebbe stato possibile.

Come talvolta capita, sono stato indotto a occuparmi dell'argomento oggetto di questo scritto per vie apparentemente casuali. Nel momento in cui alcune trasmissioni televisive a carattere storico hanno riproposto al grande pubblico – a un secolo di distanza – l'immenso dramma della I guerra mondiale, e colpito dal coraggio e spirito di sacrificio di molti nostri soldati, ho intrapreso una raccolta di dati relativi agli eroi italiani della Grande guerra. Il piccolo campione già a mie mani aveva in molti casi evidenziato, come era lecito aspettarsi, un Marte preminente nella genitura degli eroi in questione. Desiderando estendere ulteriormente la ricerca, ho consultato l'elenco ufficiale di tutti gli insigniti di medaglia d'oro al valor militare, tenuto presso apposita sezione del sito internet della Presidenza della Repubblica. Mano a mano che procedevo nella raccolta, mi rendevo conto che in effetti i risultati non avrebbero aggiunto nulla al progresso delle conoscenze astrologiche, poiché sarebbe stata una duplicazione delle ricerche intraprese dai coniugi Michel e Françoise Gauquelin alcuni decenni fa.

Girovagando tra archivi e biografie, mi era anche capitato sotto mano lo straordinario caso di Amedeo Guillet, ottimo cavallerizzo, ufficiale ed eroe della II Guerra mondiale, combattente indomito, guerrigliero leggendario, mai vinto, nell'Africa Orientale Italiana. Sull'avventurosa figura di Amedeo Guillet conosciuto come "il comandante diavolo" sono state scritte due biografie[2] e mandata in onda una trasmissione televisiva condotta dal giornalista Giovanni Minoli su Rai Storia, che si può ancora vedere sul sito internet della RAI.[3]

Dopo essermi procurato i dati dall'anagrafe del Comune di Piacenza, città dove Guillet vide la luce il 7 febbraio 1909 alle ore 9:00, fui colpito non tanto dalla presenza di un Marte svettante al MC, quanto dall'opposizione che il pianeta rosso formava con Plutone lungo l'asse Medio Cielo-Fondo Cielo. Un aspetto dissonante angolare Marte-Plutone era dunque una componente astrologica preminente di quest'uomo valorosissimo, indomito, tuttavia generoso, intelligente, particolarmente dotato per

---

[2] Le gesta del "comandante diavolo" hanno anche ispirato il breve racconto *Sotto la luna* del giallista Carlo Lucarelli, RCS-Corriere della Sera, Milano, 2011.
[3] Sito Rai "la storia siamo noi" (consultato il 23/12/2015)

l'apprendimento delle lingue (parlava e scriveva correntemente l'arabo), vasto conoscitore del Corano, che conclude il proprio *cursus honorum* non da alto grado militare (pur essendosi congedato generale nel primo dopoguerra), bensì come ambasciatore d'Italia in India. Muore all'età di 101 anni.

Parafrasando la famosa affermazione di Carl von Clausewitz secondo cui "la guerra non è che la continuazione della politica con altri mezzi", si potrebbe dire che il guerriero Guillet ha saputo portare avanti, trasformandola, la guerra nell'attività diplomatica. Quando la diplomazia fallisce, entra in gioco la guerra. E, di converso, quando la guerra fallisce, entra in gioco la diplomazia.

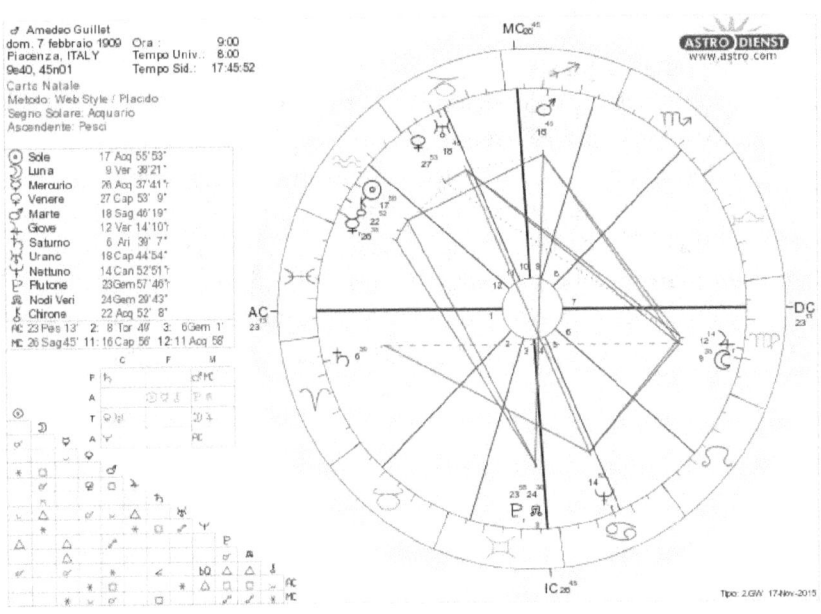

Chiunque abbia seriamente studiato l'arte di Urania si è certamente confrontato con le monumentali ricerche statistiche della coppia Gauquelin. Riassumo in estrema sintesi con le parole stesse di Michel Gauquelin i risultati che più interessano in rapporto al presente studio.[4]

Presso 3647 grandi medici e uomini di scienza, 724 invece di 626 (numero teorico calcolato) nascono dopo il sorgere e la

---

[4] Michel Gauquelin, *Il dossier delle influenze cosmiche*, Astrolabio, Roma, 1974, p. 41, 42.

culminazione di Marte. C'è soltanto una possibilità su 500.000
perché il caso sia la causa di una tale eccedenza di nascite.

Presso 3438 militari... Giove e Marte si trovano in eccedenza
nelle posizioni che seguono il sorgere e la culminazione al
meridiano. ... Probabilità del caso nelle due situazioni: meno di una
su 1.000.000.

Presso 2088 campioni sportivi, Marte domina incontrastato, ma
con una evidenza statistica sorprendente. ... ciò lascia al caso solo
una probabilità su 5.000.000.

Presso 202 capi di grosse aziende infine Marte è presente dopo
il sorgere o la culminazione 49 volte invece di 34,6 (probabilità del
caso: 1 su 200).

In sostanza, questi ricercatori hanno previamente selezionato alcune categorie professionali e successivamente, dopo avere enucleato i loro rappresentanti più noti, più in vista, eccellenti nel loro campo, hanno riscontrato la presenza – nel cielo natale dei soggetti in questione – di un certo pianeta che si levava o culminava. Occorre specificare, per completezza, quali fossero le categorie da loro esaminate: medici, scienziati, sportivi, militari, pittori, musicisti, politici, attori di cinema e di teatro, giornalisti, letterati, politici. I pianeti erano limitati a quattro; Marte, Giove, Saturno, Luna.

Groupes de personnalités professionnelles chez qui on observe une
fréquence anormale (en plus ou en moins) du nombre des nais-
sances après le lever et la culmination des planètes.

TABLEAU I

Planète	Profession	Nombre de naissances	Fréquence observée lever + culmination	Fréquence théorique lever + culmination	Ecart	Probabilité du hasard
Mars	Sciences et Médecine	3 647	724	626	+ 98	$\frac{1}{500\ 000}$
	Sport	2 088	452	358	+ 94	$\frac{1}{5\ 000\ 000}$
	Armée	3 438	680	590	+ 90	$\frac{1}{1\ 000\ 000}$
	Peinture	1 473	203	253	− 50	$\frac{1}{200}$
	Musique	866	120	149	− 29	$\frac{1}{30}$
Jupiter	Armée	3 438	703	572	+ 131	$\frac{1}{1\ 000\ 000}$
	Politique	1 003	205	167	+ 38	$\frac{1}{100}$
	Théâtre et Cinéma	1 409	283	235	+ 48	$\frac{1}{1\ 000}$
	Journalisme	903	185	150.5	+ 34.5	$\frac{1}{100}$
	Sciences et Médecine	3 647	602	540	− 62	$\frac{1}{30}$
Saturne	Sciences et Médecine	3 647	704	598	+ 106	$\frac{1}{300\ 000}$
	Peinture	1 473	188	238	− 50	$\frac{1}{200}$
	Littérature Journalisme	2 255	287	338	− 51	$\frac{1}{500}$
Lune	Littérature	1 352	292	225	+ 67	$\frac{1}{100\ 000}$
	Politique	1 003	189	167	+ 22	$\frac{1}{20}$

Tabella tratta da: Michel Gauquelin, *La Cosmo-psychologie*, Retz-C.E.P.L., Paris, 1974

In un momento successivo, essi si posero il compito di tradurre la
posizione natale di Marte in una diagnosi caratterologica, ed
elaborarono il seguente elenco di parole chiave:[5]

*Attrae l'attenzione, accanito, attivo, aggressivo, pieno di vita,
ardente, audace, avventuroso, battagliero, impulsivo, burbero,
brutale, cocciuto, ha del carattere, scavezzacollo, si applica con*

---

[5] *Il dossier delle influenze cosmiche*, cit., p. 82. Per la metodologia adottata,
cfr. Michel Gauquelin, *La Cosmo-psychologie*, Retz-C.E.P.L., Paris, 1974, p. 47 e
seg.

entusiasmo al lavoro, manesco, irascibile, combattivo,
comportamento coraggioso, concentrato, conquistatore, coriaceo,
coraggioso, ha del fegato, deciso, determinato, ricerca la difficoltà,
duro, dinamico, efficace, resistente, energico, si allena a fondo,
intraprendente, fanatico del suo sport, appassionato, dotato di fede,
uno che attacca, focoso, franco, vincitore, temperamento generoso,
astioso, condotta eroica, impetuoso, inesorabile, implacabile,
indomabile, instancabile, intrattabile, lottatore, padrone di sé, ha
del morale, vigoroso, ostinato, offensivo, caparbio, perseverante,
impavido, tutto d'un pezzo, collerico, sguardo ardente, sguardo
cattivo, sguardo vivo, azzardoso, rude, dotato di sangue freddo,
gioca forte, sicuro, supera le difficoltà, temerario, ha del
temperamento, tenace, terribile, testardo, lavoratore, valente,
valoroso, violento, virile, pieno di vitalità, vivace, volitivo.

Sono risultati importanti che confermano, statisticamente, due capisaldi dell'astrologia: l'importanza del pianeta angolare, per altro già chiaramente affermata da Tolomeo nel suo *Tetrabiblos*, e l'esistenza di una tipologia planetaria (sia pur in questo caso limitata a solo quattro pianeti), ben conosciuta dalla Tradizione.

Per quanto notevoli e utili siano le conclusioni delle poderose ricerche statistiche di cui sopra, occorre evitare di cadere nell'errore di assegnare *sic et simpliciter* la dominante astrologica al pianeta che sorge o culmina in una genitura. E, a onor del vero, lo stesso Michel Gauquelin riteneva di dover specificare che "In linea generale, il pianeta che si trova in zone di forte intensità (intende ai quattro angoli del cielo, *N.d.T.*) gioca un ruolo determinante nella formula temperamentale dell'individuo. Ma la formula è talvolta la risultante di un insieme complesso di posizioni planetarie.[6]"

È bene a questo punto riferirsi al *Trattato pratico di astrologia* di André Barbault, che ci conduce alla comprensione del fondamentale concetto di dominante.[7]

La dominante è legata alla nozione stessa di segnatura,
espressione di uno stile generale, di un'etichetta sovrana che
caratterizza la composizione sintetica di un essere e di un destino. In

---

[6] Michel Gauquelin, *La Cosmo-psychologie*, Retz-C.E.P.L., Paris, 1974, p. 74.
[7] André Barbault, *Trattato pratico di astrologia*, Morin, Siena, 1967, p. 220. Traduzione di Fabio Rugani, in questo brano da me riveduta e corretta.

effetti, un individuo è "segnato" proprio dalla dominante; essa è il segno della manifestazione generale dell'individuo, di una costruzione d'insieme che determina l'atteggiamento globale di fronte alla vita e che al tempo stesso annuncia il concreto modo di vivere. A tal punto l'essere fa un tutt'uno col proprio destino. Delineando la figura del personaggio, essa ci fa accedere alla sua struttura tipica, tappa preliminare prima di giungere alla struttura individuale, cioè a tutto ciò che ne fa un essere diverso dagli altri, unico, ai margini di tutta la famiglia umana.

Il Maestro francese nel corso del tempo è ritornato più volte in argomento, nel tentativo di proporre criteri sempre più attendibili per la concreta individuazione della dominante. Segnalo da ultimo il saggio intitolato *La segnatura astrale*, originariamente pubblicato sul sito internet dell'Autore nel marzo 2009, ora facente parte di una raccolta da me tradotta e curata.[8]

Allo stato attuale della ricerca astrologica occorre pertanto prendere atto che non è possibile affermare con sicurezza di avere in mano una formula certa che ci conduca senza colpo ferire alla dominante. Concludo queste note preliminari lasciando ancora una volta la parola al Maestro francese:[9]

La dominante, come sappiamo, non è mai l'espressione di un unico fattore e anche quando è dovuta a un solo pianeta, questi mette in gioco il suo segno, gli aspetti... Ora, sovente, la valorizzazione tramite angolarità, signoria e aspetti mettono in concorrenza vari pianeti, tanto da farne risultare un vero e proprio scacchiere. Come possiamo vederci chiaro? ... Non è necessario che sia formulata in termini planetari. Il "centro di gravità del tema" rappresentato dalla dominante può infatti essere trovato partendo da altri piani di riferimento qualora riuniscano il maggior numero di elementi convergenti: gli elementi del quaternario (il tema ruota attorno un elemento, a una qualità elementare), del ternario (Cardinale-Fisso-Mobile), della polarità binaria (maschile o femminile), o ancora valori direttamente psicologici: inibizione o impulsività, primarietà o secondarietà, attività o passività. ... Qui,

[8] *André Barbault parla. Piccola antologia*, autopubblicato presso Amazon, novembre 2015.
[9] *Trattato pratico di astrologia*, cit., p. 230, 231.

come sempre, la chiave del problema è quella di tendere verso la più alta concentrazione di fattori analoghi.

Ritornando sull'originario filo del discorso, e ricollegandomi all'oggetto del presente lavoro – che prende le mosse dalla casuale scoperta di Amedeo Guillet – ho raccolto 276 dati di nascita in cui 218 riguardano gli aspetti di congiunzione, sestile, quadratura, trigono e opposizione tra Marte e Plutone qualora risultassero angolari, senza per altro pretendere che assurgessero, solo per questo, al rango di dominante delle geniture in questione. Facendo lo spoglio questa raccolta è emerso che la congiunzione Marte-Plutone (con scarto massimo di 5°) presente in uno dei quattro angoli del cielo ammonta a 94 casi; le quadrature e opposizioni quando entrambi gli astri sono angolari risultano 87, mentre sestili e trigoni (quando vediamo il solo Plutone in uno dei già citati quattro punti sensibili dell'oroscopo) risultano essere in numero di 37. Oltre agli aspetti Marte-Plutone ho inoltre preso in considerazione 58 casi in cui risultasse angolare l'opposizione Sole-Plutone, poiché a mio avviso essa rappresenta egregiamente il conflitto tra l'Io e l'Ombra, come esporrò meglio in seguito. Inoltre, prescindendo dagli aspetti formati con Sole e Marte, ho anche voluto presentare alcuni casi significativi di personalità plutoniane per il solo fatto di essere nati con l'astro angolare o semplicemente collocato nella casa VIII dell'oroscopo radix.

Perché privilegiare gli aspetti Marte-Plutone? Come si vedrà leggendo il seguente sommario della letteratura astrologica, è generalmente accolto il concetto che Plutone rappresenti l'ottava superiore di Marte, insieme al quale condivide il dominio sul segno zodiacale dello Scorpione. Quando pianeti affini si trovano in reciproco aspetto, nella pratica astrologica si riscontra un potenziamento di valori, che possono agire (o, per meglio dire, essere agiti) in un senso o nell'altro, poiché l'astrologo è in grado di percepire unicamente la tendenza di fondo, senza aver modo di intravederne la direzione. Di conseguenza, una forte presenza dei contatti Marte-Plutone in una carta del cielo fanno entrare fortemente in gioco quel fascio di valori che per sommi capi possono essere visti nel complesso simbolico di Marte-Plutone-Scorpione-casa VIII.

Qual è dunque il senso dello studio che sottopongo al lettore, tenuto conto del fatto – ben noto in campo astrologico – che è cosa opinabile enucleare una singola componente dal tema natale dove si trova collocata e con cui forma un *unicum* non sminuzzabile e non frammentabile nelle singole parti, rischiando di snaturare la sostanza stessa del processo interpretativo?

In pratica – partendo da una determinata componente astrologica – si cerca di risalire a certi tratti caratteriali distintivi della persona, cercando di individuare, con l'aiuto delle biografie, attributi di base comuni all'aspetto esaminato e pertanto distillarne per quanto possibile l'essenza. Essendo per altro ben consapevoli che ciascuna persona costituisce un universo a sé stante e che il suo vissuto sarà inevitabilmente diverso da ogni altro, poiché risente di fattori ereditari e ambientali che non possono ovviamente coincidere. Parimenti non è possibile stabilire *a priori* la direzione che l'*Io* imprimerà alla tendenza di base, che potrà pertanto scaricarsi tanto sul polo positivo quanto su quello negativo dell'archetipo.[10]

Sul significato del Marte astrologico esiste da secoli una copiosa letteratura che non è il caso di richiamare qui, essendo ai nostri fini bastevole recepire l'associazione tra il pianeta e l'elenco di parole chiave già evidenziate sopra da Michel Gauquelin.

Diverso è il discorso riguardante Plutone. Prima di esaminare specificamente gli aspetti Marte-Plutone, procedo come di consueto a una breve ricognizione della non copiosa letteratura astrologica esistente sul pianeta, ordinata cronologicamente. Ho cercato di individuare gli Autori che a mio parere hanno colto l'essenza del simbolo, invece di snocciolare un generico catalogo delle sue manifestazioni, peggio ancora se ripreso acriticamente da altri. Si noterà che con lo scorrere del tempo le interpretazioni proposte hanno subito un progressivo affinamento. Le traduzioni dei testi in lingua straniera sono mie.

---

[10] Purché l'*Io* non arrivi a identificarsi con un solo polo, creando una scissione dell'archetipo e quindi la fine della libertà dell'*Io*.

Charles E. O. Carter:

«Sebbene scoperto solo recentemente nel 1930 (a 17° Cancro) il significato di base di questo corpo celeste non è difficile da determinare. È l'esumazione o recrudescenza del passato – il passato dimenticato o quasi dimenticato – nel presente. Non per nulla quel periodo (l'A. si riferisce al 1930, *N.d.T.*) viene associato alla gran moda della psicoanalisi freudiana e anche alla nascita delle dottrine del nazismo, che alla fine produssero lo scoppio di una brutalità che il mondo nel suo insieme non si sarebbe mai sognato di vedere. In tal senso Plutone è lo scheletro nell'armadio e il vulcano quiescente. ... Non esitiamo ad associarlo allo Scorpione, e abbiamo trovato che le sue direzioni indicavano da una parte la morte e le malattie, e dall'altra i miglioramenti nello stato di salute. ... È stato osservato che le direzioni di Plutone spesso indicano l'inizio oppure la fine di un nuovo capitolo della vita. ... La morte stessa rappresenta un capitolo che si chiude, in un certo senso particolare, ma molto vero. Analogamente, anche la vita rappresenta un capitolo, che tuttavia si apre. ... Plutone in qualità di illuminatore di ciò che stava sepolto nell'inconscio individuale o collettivo, il "suscitatore dei morti", potrebbe essere chiamato Plutone-Titano.[11]»

Heinz Artur Strauss:

«Non si può ancora fare una chiara interpretazione psicologica di Plutone. Si può citare un appunto di Thomas Ring tratto da *Der Mensch im Schickalsfeld*, secondo cui Plutone riesce ad attivare energie psichiche, ristrutturandole, tratte da strati arcaici. È l'intermediario dei rapporti con l'inconscio collettivo, che costituisce le fondamenta del nostro Io personale.[12]»

Nicola Sementovsky-Kurilo:

«Alcune constatazioni sembrano giustificare l'ipotesi secondo cui Plutone riveli i segreti di quelle profondità o, se dir si voglia, di quegli abissi dell'anima che rimangono inaccessibili all'ispezione

---

[11] Charles E. O. Carter, *Essays on the foundations of astrology*, Theosophical publishing house Ltd., London, 1947, p. 47 e seg.
[12] Heinz Artur Strauss, *Psychologie und astrologische Symbolik*, Rascher, Zürich, 1953, p. 108.

esclusiva della ragione, e – per analogia – avvenimenti e circostanze di natura misteriosa o comunque inafferrabili nelle loro effettive cause e che, almeno apparentemente, sono indipendenti dal volere e dall'agire umano. Sempre in linea di massima accertato pare pure il deciso oscillare delle corrispondenze plutoniche fra gli estremi di bene e di male, di luce e di tenebre, di affermazione e di negazione, ciò che a sua volta ha finito per far riconoscere a questo pianeta il dominio sul segno dello Scorpione ... La natura "notturna" del segno dello Scorpione si conforma inoltre tanto alle positive quanto alle negative corrispondenze di Plutone ... [che] infine in certo qual modo fa onore al proprio nome che deriva dall'antico dio dell'inferno. Nei temi di natività di molti uomini d'ingegno questo pianeta si presenta, in condizioni oroscopiche favorevoli, come indice di una ineluttabile "forza del destino" insieme grandiosa e tragica.[13]»

Lisa Morpurgo:

«Plutone opera a un livello profondo, poco appariscente, regolando quelle forze segrete, ormai antichissime, che spingono una creatura vivente a inserirsi nell'esistenza con un atto creativo.[14]»

Methodi Konstantinov:

«Plutone agisce in maniera dinamica e innovativa. Tiene le briglie del potere e conserva l'equilibrio tra bene e male, il freddo e il caldo, la nascita e la morte, come tra tutti i processi alchemici della trasformazione. Governa le risorse minerarie, le eruzioni vulcaniche e le diverse operazioni con il radium.[15]»

Fritz Riemann:

«Secondo il criterio ordinativo della sezione aurea possiamo considerare Plutone l'ottava superiore di Marte, e ottenere così una prima traccia ipotetico-analogica per la comprensione di questo

---

[13] Nicola Sementovsky-Kurilo, *Astrologia. Trattato completo teorico-pratico*, Hoepli, Milano, 1955, p. 201.
[14] Lisa Morpurgo, *Introduzione all'astrologia*, Longanesi, Milano, 1972, p. 68.
[15] Metodi Konstantinov, *L'astrosociologie mondiale*, Omnium littéraire, Paris, 1972, p. 32.

principio. Come ottava superiore di Marte dobbiamo vedere una "travolgente potenza arcaica" che richiama alla mente l'immane energia atomica che viene liberata dalla scissione dell'atomo. Evidentemente sussiste una relazione tra la scoperta di un nuovo pianeta e l'ampliamento della coscienza collettiva, come è stato con la scoperta di Urano e Nettuno; lo stesso è accaduto con Plutone. ... Perciò Plutone assume un aspetto ctonio-arcaico, simbolizza qualche cosa come una forza atavica primordiale, sinora astrologicamente non ancora sufficientemente esplorata, e contiene tanto possibilità costruttive quanto distruttive forze demoniache, che possiamo associare anche all'energia atomica. Plutone c'induce tanto nella regressione ad antichi stadi di sviluppo magico-primitivi quanto nel ricordo di stati psichici nei quali forse risiedono le nostre radici più profonde, da cui ci siamo troppo allontanati tramite processi di differenziazione e il predominio di evoluzioni razionali, per cui al momento esse ci appaiono estranee e prevalentemente poco rassicuranti. ... Sul piano individuale [queste forze] lo mettono in relazione con energie psichiche a carattere arcaico-dinamico che è necessario integrare – in cui risiedono inimmaginabili possibilità di potere – ma che possono ampiamente oltrepassare anche l'aggressività di tipo marziale per arrivare alla possibilità di distruzione totale.[16]»

Linda Wolf:

«Scoperto da poco più di cinquant'anni, Plutone è un pianeta a cui si attribuiscono delle possibilità di distruzione e di trasformazione subconscia. Influenza certamente la libido e la vita sessuale di ogni persona e il suo inconscio più nascosto. La sua azione, tuttavia, si fa sentire anche nelle mutazioni, nelle prove più segrete e misteriose, forse più fatali. Plutone è anche il pianeta della creatività; ci dice se l'uomo è ambizioso, geniale, indipendente, ribelle, brutale, distruttore, autodistruttore. È un pianeta di difficile valutazione perché abbiamo statistiche storiche ma non individuali.[17]»

---

[16] Fritz Riemann, *Lebenshilfe Astrologie*, Pfeiffer, München, 1976, p. 204, 205.
[17] Linda Wolf, *Astrologia. Come costruire e interpretare l'oroscopo*, Sonzogno, Milano, 1985, p. 40.

André Barbault:

«Plutone rappresenta le profondità e le tenebre della notte originaria, la regione infernale dell'essere umano abitata dal mostruoso drago squamato dalla lingua di fuoco e dalle esalazioni pestilenziali. Quando – menzionando le tracce del nostro passato ancestrale nei labirinti della psiche – Jung dichiara che ci tiriamo dietro la coda di un sauro, identifica così la gamma delle energie plutoniane che si trovano al nostro interno ... Se disponiamo delle energie plutoniane, allorché l'Io si conforma alle verità più profonde dell'essere, esse diventano un'occulta volontà di potenza che generalmente prevale nelle vicende umane. Quando, per contro, esse contrastano una volontà cosciente che disconosce i fondamentali bisogni vitali, allora cominciano i fermenti interiori forieri di grandi tempeste: si balla sull'orlo del vulcano. Tramite catastrofi che tolgono la terra da sotto i piedi, Plutone spalanca il baratro pronto a farci precipitare e a inghiottirci: è la *discesa agli inferi*. Quando è in ballo Plutone, può apportare una passione irresistibile, assoluta; tuttavia, più frequentemente rimette tutto in discussione per metterci di fronte a un bilancio fatto di crisi, di distruzioni, di macerie. ... Nell'ambito dell'astrologia pratica, le tendenze dello Scorpione formano un tutto unico, un complesso di valori paralleli, con Marte e Plutone, come pure con la casa VIII...[18]»

Richard Tarnas:

«L'archetipo associato al pianeta Plutone – strettamente affine al concetto freudiano di *Es* primordiale, "il calderone di impulsi ribollenti", e alla cultura darwiniana di una natura in perenne evoluzione e di una lotta biologica per la vita – è anche collegato al principio dionisiaco e alla volontà di potenza di Nietzsche, alla cieca volontà universale di Schopenhauer: tali concetti danno corpo alle potenti forze della natura che emergono dalle profondità ctonie, all'interno e all'esterno, al forte ardente mondo infero primordiale. ... L'archetipo associato al pianeta Plutone ricomprende anche un certo numero di importanti divinità fuori dal contesto occidentale, come Shiva dell'induismo, dio della creazione e della distruzione, Kalì e Shakti, le dee della potenza dell'eros e della trasformazione

---

[18] André Barbault, *Scorpion*, Éditions du Seuil, Paris, 1989, p. 22, 23.

essenziale, della distruzione e rigenerazione, della morte e della rinascita. Riassumendo il catalogo dei concetti condivisi dagli astrologi contemporanei, Plutone viene associato a un primordiale principio di potere, a profondità, intensità; a tutto ciò che è costrittivo, che conferisce potere, e potenzia tutto ciò che tocca, talvolta fino a estremi catastrofici; a istinti primordiali, libidici e aggressivi, distruttivi e rigenerativi, vulcanici e catartici, eliminanti, trasformanti, eternamente evolutivi; ai processi biologici della nascita, sessualità, e morte, al ciclo delle morti e delle rinascite; a sconvolgimenti, collassi, decomposizioni, e fecondazione; a violente scariche purgative di energie represse, a fuoco purificatore; a situazioni estreme di vita e di morte, lotte di potere, a tutto ciò che titanico, potente, enorme. Plutone rappresenta gli inferi e il sottosuolo in tutti i sensi: primordiale, geologico, istintuale, politico, sociale, sessuale, urbano, criminale, mitologico, demoniaco. È il tabù oscuro e misterioso, spesso rappresenta la terrificate realtà che si cela sotto la superficie delle cose, al di sotto dell'*Io*, delle convenzioni sociali e della vernice della civiltà, sotto la superficie terrestre, periodicamente scatenata con una forza distruttiva e trasformativa. Plutone costringe, brucia, consuma, trasfigura, fa risorgere. In termini mitici e religiosi, viene associato a tutti i miti di discesa e trasformazione, con tutte le divinità della distruzione e della rigenerazione, morte e rinascita: Dioniso, Ade e Persefone, Pan, Medusa, Lilith, Inanna, Iside e Osiride, la dea Pele dei vulcani, Quetzalcoatl, il potere del Serpente, Kundalini, Shiva, Kalì, Shakti.[19]»

Una segnalazione a parte merita il testo *Uranus-Neptune Pluton* di André Barbault[20], il quale, per esplorare le valenze dell'astro, preferisce rifarsi come punto d'inizio alla concretezza degli eventi catalogati dall'astrologia mondiale sotto i periodici incontri annuali del Sole con Plutone. Esaminando quindi la serie di 50 congiunzioni Sole-Plutone a partire dall'anno 1914, il Maestro francese ha osservato che: "è scoppiata sei volte la guerra, sono stati fatti una quindicina di colpi di stato, insurrezioni, annessioni territoriali, una serie di attentati a uomini politici; poi morte di celebrità e cadute di

---

[19] Richard Tarnas, *Cosmos and Psiche*, Viking Penguin, New York, 2006, p. 99.

[20] André Barbault, *Uranus-Neptune Pluton*, Éditions Traditionnelles, Paris, 2002.

governo, oltre a invalidazioni, abrogazioni, denunce di trattati dichiarati fuori legge." (Barbault 2002, p. 138) Senza dimenticare le bombe atomiche sganciate su Hiroshima e Nagasaki (6-9 agosto 1945) accompagnate da una congiunzione Sole-Plutone, come del resto è avvenuto il 6 gennaio 2016, sotto un'esatta congiunzione dei due astri a 15° Capricorno, che ha tramandato alla cronaca un test con bomba nucleare all'idrogeno in Corea del Nord.

Quanto sopra vale per gli eventi collettivi, ma come agisce l'astro in una carta del cielo personale?

«Nel quadro unitario del cosmo, si arriva a concepire un asse fondamentale che dà origine a due opposti poli: di fronte al Sole – focolaio centrale di vita nel cuore del sistema solare e da cui tutto parte – sta l'astro terminale delle orbite planetarie dove tutto termina, appendice del sistema solare di cui ne costituisce la fine... Plutone sarebbe quindi in tal modo la porta di uscita del sistema solare, come lo sono l'ano e il sesso, orifizi di espulsione fuori dal corpo nell'organismo umano: minzione, defecazione, eiaculazione mestruazione, parto. ... L'astro inclina più verso il lato dei lavori sporchi[21], poiché la base iniziale è l'inconscio animalesco con un *Es* disposto a cedere alle richieste della parte rettiliana del cervello, quella che continua a perorare segretamente – nel nostro intimo – la causa più immorale, che nelle pieghe del pensiero ci bisbiglia che l'unica cosa che conti è l' "ognun per sé". La qual cosa fa causa comune con le pulsioni di morte e con l'analità che le alimenta. È soprattutto per questo tramite che Plutone ci degrada a uomo delle caverne. ... Il trionfo del complesso sado-anale, la sfera del brutto, del sudicio, del turpe, della sozzura, dell'infamia, dell'ignominia, dell'immondo; è il mondo dell'abiezione, dell'orrore, del mostruoso, del macabro, del diabolico... Se il Sole simbolizza Dio, il santo l'eroe, il puro, la luce, Plutone ne costituisce l'antitesi: Satana, l'angelo ribelle, potenza del Male, principe delle tenebre, re degli inferi, il maledetto.» (Barbault, 2002, p. 165, 167, 168)

Certo, nell'insieme non viene tracciato un quadro incoraggiante delle caratteristiche di base associate al pianeta. Tuttavia occorre

---

[21] *Basses œuvres*, nel testo francese. Lavoro tipico che spettava al boia: lo squartamento delle carogne di animali, la pulizia delle latrine e delle fogne, la soppressione dei cani randagi.

ricordare che le tendenze si esprimono in una gamma di valori che parte da un polo per arrivare, tramite passaggi successivi, all'altro. Senza negare la coesistenza di tendenze che di per sé si escluderebbero l'una con l'altra. Esemplare a questo proposito l'espressione positiva rappresentata dalla dr.ssa Elisabeth Kübler-Ross, dotata alla nascita di una stretta congiunzione Sole-Plutone in quadratura pressoché perfetta a Marte. Una vita dedicata all'*ars moriendi* e all'elaborazione del lutto.

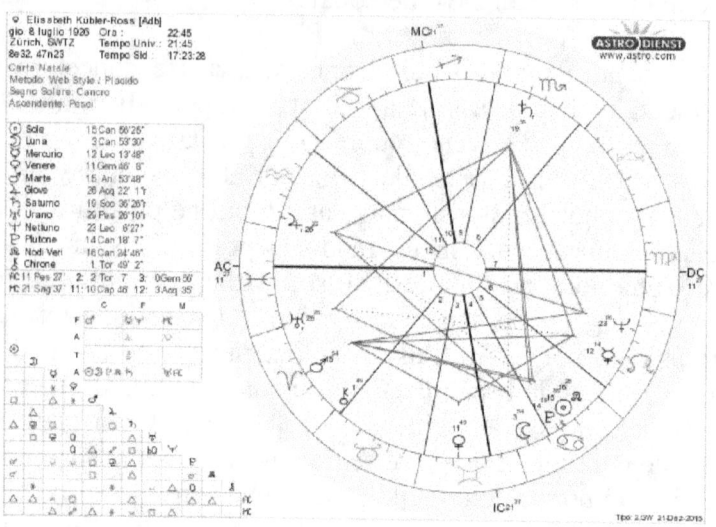

Diamo atto ad André Barbault di avere da molto tempo richiamato l'attenzione sulla possibilità di associare il complesso sado-anale a Plutone, nonché al segno zodiacale dello Scorpione.

«Ade è il dio dei morti, fratello di Zeus, di Poseidone, di Era, di Estia e di Demetra, è il figlio di Crono e di Rea. Come Zeus e Poseidone, è uno dei tre padroni che si divisero il comando dell'universo dopo la vittoria sui Titani. Mentre Zeus otteneva il cielo e Poseidone il mare, egli si vedeva attribuire il mondo sotterraneo, gli Inferi, o il Tartaro. Alla nascita, Ade era stato, come i suoi fratelli, inghiottito da Crono, poi rivomitato. Partecipò alla lotta contro i Titani, e i Ciclopi lo armarono di un elmo che rendeva invisibile chiunque lo portava. ... Negli Inferi, Ade regna sui morti. È un padrone impietoso, che non permette a nessuno dei suoi sudditi di ritornare fra i viventi. È assistito da demoni e svariati geni che sono posti sotto i suoi ordini. Vicino a lui regna Persefone, non meno crudele. ... Ade, il cui nome significa l' "invisibile" non era di solito nominato, poiché si temeva, interpellandolo, di eccitare la sua collera. Così lo si designava per eufemismi. Il più ricorrente era quello di Plutone (il "Ricco"), allusione alla ricchezza inesauribile della terra, tanto della terra coltivata quanto delle miniere ch'essa cela. Così Plutone è spesso rappresentato mentre tiene un corno dell'abbondanza, simbolo di quella ricchezza.[22]»

È opportuno approfondire l'aspetto mitologico della questione e quindi cedere la parola allo psicoanalista Claudio Widmann, che ha

---

[22] *L'UNIVERSALE* n. 33, Garzanti, Milano, 2004, p. 14, 15.

dedicato una ragguardevole opera al denaro.[23] Nella sua indagine, questo Autore non solo associa il denaro alle feci, e di conseguenza al complesso anale come definito da Freud, ma esplora le radici del mito e allarga la ricerca al demone della ricchezza, che ravvisa nel dio Pluto, figlio di Giasone e di Demetra. Secondo Widmann, lo ritroviamo nell'Inferno di Dante a guardia del girone ove sono confinati avari e prodighi.

Così, già i misteri eleusini finirono per associare Pluto ad Ades, il dio sotterraneo degli Inferi, signore delle ricchezze custodite nel sottosuolo e nelle profondità umane. Nel trapasso dalla cultura greca a quella latina, l'identificazione di Pluto con Ades fu totale ed entrambi ci vennero consegnati col nome di Plutone. Ma in origine Pluto ed Ades erano divinità distinte e il dio delle ricchezze possedeva una fisionomia autonoma, tratteggiata in dettaglio nel *Pluto* di Aristofane, una commedia la cui prima redazione (perduta) risale al 408 a.C. e la seconda al 388 a.C. ... La ricchezza di Pluto è manifestamente simbolica e non riposa nella moneta. ... Pluto è dio di una ricchezza umana, interiore e profonda, che attiene alla dimensione della psiche più che a quella della materia... Pluto è caratteristicamente un dio cieco. La sua cecità, la sua sporcizia, la sua collocazione infera e schiva dicono che è un'immagine d'Ombra. (Widmann, 2009, p. 204, 211, 214)

Occupiamoci ora dell'analità. Freud aveva individuato quattro fasi nello sviluppo psicosessuale del bambino. Dopo una prima fase orale, seguirebbe la fase anale.

Dai due ai quattro anni di vita, il bambino impara a controllare la muscolatura sfinterica e, di conseguenza, ad utilizzare i servizi igienici per l'espulsione delle feci, senza avere più bisogno del pannolino. In questo periodo, il bambino trova piacere nel controllare la muscolatura dello sfintere anale e sente la necessità di controllare e disciplinare la propria richiesta di piacere. Lo svezzamento lascia sempre un segno nel carattere dell'individuo. Il tipo anale è ostile, tende all'isolamento affettivo, è avaro, diffidente etc. Il bambino, dai due ai circa quattro anni di vita, impara a sviluppare la sua autostima e la sua autonomia. Le fissazioni provocate in questa fase, denominata: fissazioni anali, sono provocate principalmente dal modo in cui è stato imposto al bambino l'uso del vasino. Le feci rappresentano per il bambino il suo regalo per l'adulto, il primo elemento che sgorga da lui, la prima esperienza nella quale, oltre a ricevere, può

---

[23] Claudio Widmann, *Il mito del denaro*, Magi, Roma, 2009.

anche produrre, dare. Se la gratificazione delle figure genitoriali sarà eccessiva il bambino tenderà a defecare in posti non opportuni e, crescendo, tenderà ad essere disorganizzato e testardo. Nel caso contrario tenderà a trattenere le feci a dispetto dell'educazione ricevuta e svilupperà una personalità particolarmente meticolosa, ostinata ed organizzata.[24]

Claudio Widmann propone le seguenti osservazioni:

La fisiologia anale si articola in due momenti, il trattenere e l'espellere, che costituiscono esperienza paradigmatica del binomio trattenere-rilasciare e a cui vengono ricondotte le più generiche pulsioni ritentiva ed espulsiva. Nell'equivalenza feci-denaro l'analità espulsiva si prolunga nel piacere di spendere e quella ritentiva nel piacere di risparmiare, ma sul modello di questo arcaico binomio s'improntano e si modellano altre polarità: stitichezza-diarrea, avarizia-prodigalità, risparmio-spesa. Sulla struttura archetipica della pulsione ritentiva, invece, si modellano le attitudini a frenarsi, a controllarsi, a risparmiarsi; la ritenzione è analogica all'avarizia, poiché in entrambi i casi la soddisfazione sta nel trattenere. ... Analità, distruttività e aggressività si mostrano apparentate per essenza, non per convenzione psicoanalitica. È in virtù di un'identità simbolica di fondo che le ingiurie sono spesso formulate con terminologie anali: gli atti escretori (sputare, orinare, defecare) sono forme di aggressione; sporcare, imbrattare lordare sono forme di distruttività; un corteo di varia analità è al servizio del sadismo più estremo. (Widmann, 2009, p. 166, 176)

L'osservazione prolungata nei secoli delle fenomenologie, espresse su diversi piani esistenziali, associate al segno zodiacale dello Scorpione, ci permette di operare un passaggio di continuità simbolica tra lo Scorpione e Plutone, il suo signore e governatore, senza tuttavia scalzare del tutto l'antica signoria del pianeta rosso, Marte. È pertanto lecito stabilire un fascio simbolico che abbraccia Marte, Plutone, lo Scorpione e la casa VIII dell'oroscopo.

A questo proposito, è di particolare interesse l'analisi della personalità di Picasso, nato sotto il segno zodiacale dello Scorpione, operata da C. G. Jung nel 1932 in un saggio dedicato all'artista spagnolo.

«Quando dico "egli", intendo quella personalità di Picasso che subisce il proprio destino infero; intendo l'uomo che non si rivolge

---

[24] Cfr. sito internet di *Psicologia, psicoterapia e mediazione* (consultato il 22/12/2015)

al mondo diurno, ma fatalmente si piega verso l'oscurità, seguendo non l'ideale del bello e del buono tradizionali, ma quella demoniaca forza di attrazione dell'orrido e del male che, gonfiandosi in modo anticristiano e luciferino nell'uomo moderno, fino a raggiungere il tono di una catastrofe universale, avvolge nelle nebbie dell'Ade questo luminoso mondo diurno, lo dilania mortalmente e alla fine, come in un terremoto, lo dissolve in frammenti, linee spezzate, avanzi, rottami, brandelli, elementi disorganici.[25]»

---

[25] C. G. Jung, *Picasso*, Opere, Vol. X/1, Boringhieri, Torino, 1985, p. 410

A questo punto siamo in grado di stabilire una sicura connessione simbolico-psicoanalitica tra feci-denaro e analità. Ma l'esplorazione dell'archetipo non può dirsi esaurita se non ci addentriamo nel territorio dell'Ombra.

«Pluto è figura ambigua, che frequenta i bassifondi della devianza e del disadattamento, ma il suo impatto sull'esistenza dell'uomo non può essere genericamente identificato con il male e il negativo. È un'immagine d'Ombra, nel corteo del *Faust* è una chimera del Signore delle Ombre, Mefistofele, che dice di essere "una parte di quella forza che sempre vuole il male e sempre opera per il bene."» (Widmann, 2009, p. 219)

È innegabile che l'affermazione di Claudio Widmann stabilisca apertamente una relazione tra Pluto-Plutone e l'Ombra, figura archetipica sulla quale C. G. Jung si è più volte soffermato nel corso della sua vastissima produzione. Cercando di estrarre, per quanto possibile, la quintessenza di questa figura inquietante e turbolenta dal suo calderone magmatico e ribollente (e riferendoci agli studi dello stesso Jung e dei suoi allievi) è possibile afferrarne alcune caratteristiche che ci aiuteranno nel prosieguo dell'indagine.

- L'Ombra è una componente inferiore della psiche umana (Jung);
- Rappresenta qualcosa di inferiore, primitivo, arcaico, legato alla sfera animale degli istinti (Jung);
- È dotata di autonomia e di una dinamica addirittura demoniaca (Jung);
- Si trova, per definizione, perlopiù in opposizione alla personalità cosciente (Jung);
- Il decorso del processo d'individuazione comincia di regola con la presa di coscienza dell'Ombra (Jung);
- La via dell'individuazione passa attraverso il problema dell'Ombra, la vera porta di accesso a ogni processo di sviluppo psicologico (Mario Trevi);
- L'Ombra non è necessariamente il male (Marie-Louise von Franz); non ha contenuti soltanto negativi (Jung);
- L'Ombra non irrompe nella vita psichica per inscenare devastazioni gratuite, ma per innescare passaggi costruttivi anche al prezzo di distruzione (Widmann); si tratta di risorse di altissimo dinamismo, e dipende soltanto dalla preparazione e dall'atteggiamento della coscienza se l'irruzione di tali forze porterà a una costruzione oppure a una catastrofe (Jung).

Nel breve appunto di Jung appena riportato sopra ("dipende soltanto dalla preparazione e dall'atteggiamento della coscienza se l'irruzione di tali forze porterà a una costruzione oppure a una catastrofe") risiede la soluzione del problema posto dal confronto con l'Ombra. Il Maestro svizzero ha indicato la strada, che secoli fa fu percorsa dagli alchimisti. Dopo avere studiato per quindici anni testi alchemici, Jung si convinse che essi, gli alchimisti, avevano trovato la strada per venire a capo del problema del male, che in primo luogo andava riconosciuto come componente di sé, e successivamente integrato, perché l'Ombra individuale – essendo parte dell'inconscio personale – non potrà mai essere completamente conquistata o neutralizzata. Afferma Jung: "Il mistero della *coniunctio*, il mistero centrale dell'alchimia, mira appunto alla sintesi degli opposti, all'assimilazione della nerezza, all'integrazione del demonio."

Il riferimento ai testi junghiani non potrebbe dirsi soddisfacente se non prendesse in esame un brano in cui il Maestro svizzero affronta specificamente il mito della discesa nei mondi inferi e il suo significato psicologico. Leggiamo:

Il pericolo di Arisleo è di soccombere al destino di un Teseo e di un Piritoo, che nella loro *nekyia* rimasero attaccati alle rocce del mondo degli inferi; come dire che la coscienza, avanzando nelle regioni sconosciute della psiche, è sopraffatta dalle forze arcaiche dell'inconscio: una ripetizione dell'abbraccio cosmico di *nous* e *physis*. Nel mito dell'eroe, lo scopo della discesa è caratterizzato universalmente dal fatto che in quella zona pericolosa (acque profonde, caverna, bosco, isola, rocca ecc.) si trova il "tesoro difficile da raggiungere" (gioiello, vergine, elisir di vita, vittoria sulla morte ecc.). Il timore e la resistenza che ogni uomo naturale prova quando scava troppo a fondo in sé stesso, sono in ultima analisi la paura del viaggio nell'Ade. Se si provasse soltanto resistenza, la cosa non sarebbe così grave. In realtà però da quello sfondo psichico, dunque proprio da quello spazio oscuro, ignoto, emana un'attrazione, una fascinazione, che minaccia di diventare tanto più travolgente quanto più a fondo si penetra.[26]

Spetterà ad Erich Neumann, considerato il più fecondo e originale allievo di Jung, ad applicarsi estensivamente al problema dell'Ombra e del male, sottolineando anch'egli che la via d'uscita risiede nella vigilanza della coscienza e nella capacità di trasformazione di questi contenuti nell'ambito della personalità. Scrive Neumann: «La totalità che si ottiene nell'unità di coscienza-inconscio lega sia le energie più basse sia quelle più elevate. Il rischio di dissociazione va combattuto, sia nel caso in cui prevalgano le forze spirituali celesti, sia nel caso in cui predomino quelle istintuali terrene. ... Sul piano umano, l'assimilazione dell'Ombra pone l'Io in collegamento con gli strati della psiche che corrispondono al mondo della funzione inferiore e al livello dell'umanità primitiva.[27]»

---

[26] C. G. Jung, *Psicologia e alchimia*, Boringhieri, Torino, 1981, p. 339, 340.
[27] Erich Neumann, *Psicologia del profondo e nuova etica*, Moretti & Vitali, Bergamo, 2005, p. 110, 113.

Stolcius von Stolcenberg, *Viridarium Chymicum*, Francofurti, 1624

L'immagine, tratta da un testo alchemico, riveste diversi significati, a seconda dei differenti contesti, che sarebbe qui fuor di luogo voler tutti commentare. Mi limito a osservare che l'acronimo V.I.T.R.I.O.L. viene utilizzato anche in massoneria, ove è scritta su una parete del cosiddetto "gabinetto di riflessione". Una studiosa francese lo commenta così: «Per iniziarsi bisogna scendere in se stessi; l'inferno non è altro che il mondo interiore che tutti portiamo dentro di noi. È l'interno della terra al quale si riferisce questo precetto alchemico. La massima impegna colui che cerca la verità a esplorare l'interno di se stesso, al fine di scoprire, rettificando la pietra nascosta dei saggi, quella sapienza illuminata e illuminante che conferisce a ognuno l'equilibrio e il discernimento che possono condurlo fino alla soglia del mondo degli dèi e persino al di là di essa. ... La formula V.I.T.R.I.O.L. invita il profano a penetrare nel mondo oscuro della terra, a conoscere e scoprire i segreti inferiori della propria natura, i suoi meandri nascosti.[28]»

---

[28] Irène Mainguy, *Simbolica massonica del terzo millennio*, Mediterranee, Roma, 2009, p. 225

Nell'incontro con l'Ombra, nel paziente lavoro introspettivo, nell'opera di trasmutazione alchemica della materia vile in oro, siamo dunque in piena sfera plutoniana.

INTERMEZZO ALCHEMICO

Al di là dell'idealizzazione talvolta affabulatoria, incoraggiata dalle tele di artisti di valore, chi erano e che cosa in realtà facevano gli alchimisti? Proviamo a visualizzarli nel loro aureo periodo praghese, intenti al servizio dell'imperatore Rodolfo II, con l'aiuto delle parole di Angelo Maria Ripellino.

Nelle pittoresche casette di bambola, nelle anguste cucine, dietro le finestrine minuscole la fantasia scorge ancora adepti e famuli ... li immaginiamo tappati in quelle casucce, come in vasi lutati, intenti a eseguire innumere distillazioni, a ripetere per settimane e per mesi, cotti dal fumo, arsi dal fuoco, tinti di pece, cascanti dal sonno, lo stesso processo con una pazienza che ben si accorda con l'infinita, proterva pazienza di Praga. Ci sembra di sentirli brontolare, come nel *Labirinto* comenico, chi per il disfavore degli astri, chi per l'intrusione di terra fangosa nel mercurio, chi per lo scoppio delle cucurbite a causa del fuoco irruente, chi invece per la cattiva cozione a causa del fuoco lento e morticcio, chi per il fumo che gli impedisce di vedere la calcinazione, chi per lo svaporar dell'azoto.[29]

C'è chi dice che cercassero l'oro, chi invece l'elisir di lunga vita, chi ancora che volessero penetrare e impadronirsi dei segreti della Natura.
La verità è che, prescindendo da ciarlatani e cantambanchi, gli alchimisti, lavorando sulla materia, in realtà portavano avanti un' "arte sacra e divina", consapevoli "che la loro opera può essere compiuta unicamente con l'aiuto di Dio.[30]" Secondo la loro concezione, nella materia era racchiusa la divinità, in attesa della redenzione.

---

[29] Angelo Maria Ripellino, *Praga magica*, Einaudi, Torino, 2014, p. 114, 115.
[30] Carl Gustav Jung, *Psicologia e alchimia*, Boringhieri, Torino, 1981, p. 119, 120.

Per l'alchimista non è anzitutto l'uomo ad aver bisogno della redenzione, bensì la divinità perduta e dormiente nella materia. Solo secondariamente egli esprime la speranza che il corpo trasmutato serva a lui stesso da panacea, da *medicina catholica*: a lui, così come ai *corpora imperfecta*, i metalli vili, "ammalati" ecc. La sua attenzione non verte dunque sulla propria redenzione per grazia di Dio, bensì sulla *liberazione di Dio* dalle tenebre della materia. ... Egli può affrontare l'opera come persona bisognosa di redenzione, ma sa che la sua redenzione dipende dal successo dell'opera, cioè dal fatto di liberare l'anima divina. A questo scopo ha bisogno di meditazione, digiuno, preghiera; addirittura ricorre all'aiuto dello Spirito Santo come suo παρεδρος.[31]» «la "vera" alchimia non è stata mai un affare o una carriera, ma era un vero e proprio "opus" compiuto in silenzio e con abnegazione.[32]

La materia che contiene il segreto divino è dappertutto, anche nel corpo umano. Essa è a buon mercato e la si trova ovunque; persino nel rifiuto più ripugnante.[33]

Ci si mette dunque al lavoro sulla *materia prima*, da trattare nel vaso ermetico, sotto indispensabili benefici influssi astrali. Il processo si svolge originariamente in quattro fasi: *nigredo, albedo, citrinitas, rubedo* (poi ridotte a tre con il salto del terzo passaggio, la *citrinitas*). In questo quadro, ci sono dodici specifiche operazioni da compiere, in analogia al percorso del Sole attraverso i dodici segni zodiacali: *Calcinatio, Solutio, Elementorum separatio, Coniunctio, Putrefactio,Coagulatio, Cibatio, Sublimatio, Fermentatio, Exaltatio, Augmentatio, Proiectio.*

La fase che qui c'interessa di più esaminare è la *nigredo*. Nella sua ultima grande opera della vecchiaia, il *Mysterium coniunctionis*, C. G. Jung consegna ai posteri la *summa* del suo pensiero maturo e consolidato da innumerevoli esperienze e riflessioni. Lo si potrebbe considerare il punto di arrivo di una vita dedicata allo studio e alla ricerca. Non a caso l'opera verte sull'alchimia.
Scrive quindi il Maestro svizzero:

Come dicono gli alchimisti, il processo incomincia con la *nigredo*, oppure la produce come indispensabile della sintesi, perché opposti che

---

[31] *Idem*, p. 317.
[32] *Idem*, p. 319.
[33] *Ibidem*.

non siano costellati e portati alla coscienza non potrebbero mai essere ricondotti a unità. ... La *nigredo* non solo poneva ben chiare davanti agli occhi dell'adepto la decadenza, la sofferenza, la morte e le pene dell'inferno, ma al tempo stesso proiettava sulla sua anima solitaria l'ombra della sua melanconia. ... La *nigredo* corrisponde all'oscurità dell'inconscio, che contiene in primo luogo la personalità "inferiore", l'*Ombra*. ... Il confronto con l'Ombra determina in principio un equilibrio morto, una calma che impedisce di prendere decisioni morali e rende inefficaci le convinzioni personali, oppure le paralizza. Si dubita di tutto, e per questa ragione gli alchimisti hanno denominato opportunamente questa condizione iniziale *nigredo, tenebrositas*, caos e melanconia. È giusto che il *magnum opus* prenda le mosse di qui, perché è una questione pressoché irresolubile sapere come ci si possa confrontare con la realtà in tale stato di scissione e lacerazione interiore. ... Si può allora ben capire perché gli alchimisti abbiano definito la loro *nigredo* come "melanconia", "nero più nero del nero", "notte", "afflizione dell'anima", "confusione" ovvero, ancora più allusivamente, "corvo nero.".....[34]

L'alchimista quindi affronta immediatamente la fase più difficile e delicata di tutto il processo alchemico, la notte buia dell'anima, lo smarrimento, la prevalenza dell'umore melanconico, una prostrazione profonda caratterizzata da penosi tormenti e dal pensiero della morte. Tuttavia egli accettava eroicamente questa condizione di nerezza, che preludeva al sorgere dei colori dell'arcobaleno. Ascoltiamo ancora una volta Jung:

È certo che la maggior parte degli alchimisti hanno trattato la loro *nigredo* nell'alambicco, senza essere coscienti di che cosa realmente maneggiassero. Ma è altrettanto certo che adepti come Morieno, Dorneus, Michel Maier e altri sapevano, a modo loro, di che cosa si trattava. Proprio da questo sapere e non dall'avidità di produrre l'oro nasceva la necessità di buttarsi a capofitto in un'Opera apparentemente senza speranza, alla quale sacrificavano denaro, beni e la vita stessa. Il loro *spiritus* era la fede nella luce, uno "spirito" che attirava a sé l'anima, liberandola dalla sua prigione corporea; essa però portava con sé l'oscurità dello spirito ctonio, dell'inconscio. (*Mysterium coniunctionis*, p. 520)

Al di la di ogni ragionevole dubbio, è dunque lecito accostare la fase di *nigredo* a quella *descensus ad inferos* rappresentata

---

[34] C. G. Jung, *Mysterium coniunctionis*, Opere, Vol. XIV/1, XIV/2, Boringhieri, Torino, 1989, p. 244, 357, 453, 497,519.

dall'incontro con l'Ombra, e – tra l'altro – anche con l'inevitabile riconoscimento del male che alberga in noi. L'alchimista è solo, nudo, senza infingimenti né travisamenti, oppresso dal mortale umor nero, e crede di udire l'antico adagio mormorato da uno scettico ironico che casualmente si trova a passare di lì: *hic Rhodus, hic salta!* "Mostrami di che cosa sei davvero capace, o alchimista sbruffone che ti riempi la bocca di parole tanto seducenti quanto criptiche." Una prova tanto desiderata, e tanto terribile, senza la quale l'*opus* è bloccato, fermo, inaridito e sterile. Un vicolo cieco che, nei casi peggiori, può portare alla pazzia. Il piombo che deve maneggiare esala vapori venefici, e tuttavia è quella materia vile che va manipolata.

Il *Consilium coniugii* pone l'identità tra *nigredo* e *melancholia*. A proposito del piombo saturnino Blasius Vigenerus dice: "Il piombo significa vessazioni e disagi, con i quali Dio ci affligge e ci conduce al rinsavimento (*resipiscentiam*). È dunque evidente come questo adepto fosse consapevole dell'identità tra il piombo, considerato sostanza arcana sin dai tempi antichi, e la condizione soggettiva della depressione.[35]

Anche Neumann è dello stesso parere: «La trasformazione degli elementi negativi era il problema psicologico fondamentale dell'alchimia. La trasformazione del piombo, dell'elemento meno pregiato, in oro, il metallo più prezioso, è stata intesa dagli alchimisti stessi come un processo psichico.[36]»

---

[35] C. G. Jung, *L'albero filosofico*, Opere, Vol. XIII, Boringhieri, Torino, 1988, p. 350, 351.
[36] *Psicologia del profondo e nuova etica*, cit., p. 109.

Dann er kompt alsdann schnell vnd bald
  Ohn mich auß diesem wilden Wald :
Vnd dieser drey Ding Namen zart
  Sein theilt/vnd doch gantz nur ein Art :
Spiritus, Anima, Corpus,
  Der keins vom andern Theil seyn muß :

Dann Leib vnd Seel künten nicht streben
  Wo der Geist nicht wer auch daneben /
So bestündt Seel/Geist/an keins statt /
  Wann sie nicht auch ein Corpus hatt:
                                    Was

OPPOSIZIONE E QUADRATURA

L'aspetto astrologico di opposizione si ha quando gli astri interessati si fronteggiano, a una distanza ideale di 180° di longitudine, quindi deriva dalla suddivisione del cerchio per 2. Il numero richiama istintivamente alla mente l'idea di dualità, antitesi, polo positivo e polo negativo, materia e spirito, amore e odio, mutua attrazione e repulsione, bene e male, Dio e il diavolo, l'Io e l'inconscio. Sul piano astrologico-esperienziale, si possono formulare alcune considerazioni. La prima considerazione è che i due pianeti si pongono in conflitto, e il simbolismo dell'uno prevale su quello dell'altro, che viene rifiutato e di norma rimosso; ciò che è rimosso può essere proiettate all'esterno. La lotta può assumere un andamento altalenante, con periodi di vita contrassegnati ora dalla prevalenza dell'uno e ora dell'altro. Si possono anche registrare periodi di stallo, di incertezza, di indecisione. La seconda possibilità vede i pianeti coinvolti in un rapporto di complementarietà costruttiva che sfocia in una sintesi creativa.

Se il Sole simboleggia la luce, il bello, l'armonia, la coscienza, la divinità, la vita, e Plutone l'oscurità, la sozzura, il brutto, il diavolo, l'animalità, l'Ombra, nel caso della loro opposizione assistiamo a una forte dicotomia che può risolversi, come s'è visto, unicamente con l'integrazione del contenuto d'Ombra, e cioè «quando il suo duplice aspetto è diventato cosciente, e quando è afferrato non solo intellettualmente, ma compreso secondo il suo valore affettivo.» (Jung, *Aion*) Secondo Widmann, il secondo arcano dei Tarocchi, «la Papessa presiede al mondo della dualità ed è guardiana della soglia. ... La sua posizione appartiene a entrambi i mondi, visibile e invisibile, diurno e notturno, conscio e inconscio. ... Il suo emblema più riassuntivo è quello del *t'ai chi*, dove i poli archetipici *yin-yang* si compenetrano, si bilanciano, si integrano, si convertono l'uno nell'altro.[37]»

---

[37] Claudio Widmann, *Gli arcani della vita*, Ma.Gi., Roma, 2010, p. 57

Non va tuttavia dimenticato che Plutone, in quanto re del sottosuolo, presiede anche alle immense risorse che vi si trovano nascoste. Nella scena del Palazzo Imperiale del *Faust*, Goethe descrive l'apparizione di Plutone (in realtà è un travestimento di Faust), dio della ricchezza; e Mefistofele risana le finanze del regno mediante l'invenzione diabolica della carta moneta, tuttavia garantita da tutto ciò che sta sotto, come dice Faust all'Imperatore: "Quella ricchezza innumerevole che dorme sotto la terra dei tuoi regni..." (*Faust*, vv. 6111-6113)

Il compito che sembra assegnato a chi presenta l'opposizione Sole-Plutone nella carta del cielo natale (coinvolge a mio parere anche all'aspetto di quadratura) sembra pertanto quello del confronto con la propria parte oscura, che tuttavia può portare alla valorizzazione della grande creatività insita nelle risorse giacenti nell'inconscio.

Altro discorso numerologico si deve fare per l'aspetto di quadratura, preso in sé. Come si sa, esso deriva dalla suddivisione del cerchio per 4.

Quattro come primo numero dell'esistenza percettibile rappresenta la condizione pluralistica dell'uomo che non ha raggiunto l'unità interiore: denota quindi la condizione di non-libertà, dell'essere in conflitto con sé stessi, della disgregazione, della dilacerazione in direzioni diverse, e perciò un situazione tormentosa e irredenta che aspira all'unione, alla riconciliazione, alla redenzione, alla guarigione, vale a dire al raggiungimento della totalità.[38]

La pratica astrologica, confortata da secolari osservazioni, classifica la quadratura, lo scarto di 90° in longitudine che separa due pianeti, tra gli aspetti cosiddetti disarmonici, perché mette generalmente in gioco elementi tra loro poco compatibili, come Fuoco e Aria con Terra e Acqua.

Ancora una volta, è solo con un lento e paziente lavoro di presa di coscienza, simbolicamente passando attraverso la inevitabile e difficile fase alchemica della *nigredo*, che sarà possibile "venire a capo" del problema rappresentato dalle dissonanze plutoniane, fra le quali spiccano, come si è detto, quelle con Marte. Senza dimenticare che, astrologicamente parlando, gli aspetti armonici con Plutone presenti nella carta del cielo natale non danno di per sé alcuna garanzia di sicura espressione armonica e creativa delle energie rappresentate dal pianeta, come si vedrà nel prosieguo.

---

[38]Carl Gustav Jung, *Psicologia della traslazione*, Opere, Vol. XVI, Boringhieri, Torino, 1981, p. 218

(o fortemente segnati da Plutone)

Prima di avventurarci nel regno di Plutone, occorre preliminarmente ricordare che il cielo di nascita indica unicamente una tendenza innata che potrà fiorire appieno solo se crescerà in un terreno favorevole, ossia se troverà il favore dell'ambiente e il sostegno dell'*Io*. Per tornare all'esempio di Amedeo Guillet, sappiamo che proveniva da famiglia sabauda di antico lignaggio: il padre era colonnello dei carabinieri, lo zio Amedeo generale, e lo zio Ernesto ufficiale di cavalleria. Difficile immaginare un miglior retroterra per sviluppare le predisposizioni guerresche del soggetto!

Leggiamo il pensiero del grande astrologo tedesco Thomas Ring:

Nella genitura si trova ... unicamente la predisposizione di base. Essa contiene atteggiamenti fondamentali verso cose in un "possibile" ambiente. L'ambiente effettivo non viene indicato. Per portare un caso estremo, che tuttavia si presenta di quando in quando: in due nascite avvenute nello stesso minuto e luogo, e con concordanti predisposizioni, si possono formare due diverse personalità, a seconda dei diversi ambienti in cui crescono le persone in questione, a seconda delle cose e delle circostanze in cui si realizzano le loro personalità. Con ciò viene in pari tempo fissato un limite alla diagnosi astrologica. Non è possibile fare affermazioni su quanto viene apportato alla predisposizione di base dagli effetti dell'ambiente, dalle relazioni ambientali, dall'educazione ricevuta, dai destini collettivi. Tali dati di fatto devono essere asseriti nei loro tratti principali, per consentire conclusioni attendibili sulla personalità così divenuta.[39]

E Barbault, da parte sua:

Che la si smetta con le leggende pittoresche delle meraviglie astrologiche; queste potenze interiori, di cui sono testimonianza le nostre astralità, hanno solo un'influenza di seconda mano ... Esse tracciano delle linee di vita interiori più discrete, svelano analogie più sottili, esprimono verità più profonde che occorre scoprire dietro le principali apparenze del destino. Non dimentichiamo che il determinismo astrale rappresenta solo

---

[39] Thomas Ring, *Astrologische Menschenkunde*, Hermann Bauer, Freiburg im Breisgau, 1985, p. 8. Traduzione dal tedesco mia, revisione di Lioba Kirfel Barillà.

ciò che è innato, l'individuo nella sua nudità primordiale. Non possiamo conoscere altro che la costellazione interiore del soggetto, senza sapere quale è stato il ruolo dell'ambiente esterno vissuto, con cui si forma il "carattere acquisito", che neutralizza o amplifica il carattere innato.[40]»

Quando il Sole incontra Plutone.

Procedendo per approssimazioni successive, occorre quindi occuparsi dei contatti Sole-Plutone. Ai fini del presente lavoro mi piace ricordare alcune considerazioni di André Barbault. Gli aspetti dei luminari (in specie la congiunzione) con un pianeta sono – insieme all'angolarità, come in precedenza delineata, e che generalmente, ma non sempre, costituisce la componente più importante – un fattore di valorizzazione, soprattutto di un astro lento. La cosa è chiara in sé nel caso della congiunzione, ma che cosa pensare dell'opposizione Sole-Plutone quando si verifica lungo l'asse Ascendente-Discendente, nel caso in cui il Sole sorga all'oriente?

Nel suo scritto *Le soleil à l'ascendant* (*Il Sole all'Ascendente*), Barbault propone le seguenti considerazioni:

L'effetto del particolare incontro tra Sole e Ascendente rappresenta un fenomeno primordiale. Quando ogni mattino ci transita l'astro [sull'Ascendente], abbiamo il levar del sole. Più o meno, è il risveglio mattutino dell'uomo che abbandona il sonno per entrare nello stato di veglia. La risalita di un sotto verso un sopra (Ascendente) che costituiscono la successione di notte e giorno, con l'essere umano che ritorna allo stato cosciente, assumendo attivamente il controllo di se stesso. Non c'è forse un cambiamento che richiama l'idea del dominio di sé, del ritorno dell'*Io*? ... Nascere all'alba è, per così dire, l'inizio dello slancio vitale col vento in poppa, che attribuisce un potente dinamismo.[41]

Jung, da parte sua scrive:

«... nella mitologia la nascita dell'eroe o la sua simbolica rinascita coincidono con il levare del sole, perché lo sviluppo della

---

[40] André Barbault, *La scienza dell'astrologia*, Nuovi Orizzonti, Milano, 1989. p. 140.

[41] Cfr. il sito internet di André Barbault.

personalità equivale a una crescita della coscienza. Per la stessa ragione la maggior parte degli eroi è caratterizzata da attributi solari, e il momento della nascita della loro grande personalità è chiamato "illuminazione".[42]» In questo saggio, Jung si dilunga sul significato della vocazione che, etimologicamente, significa chiamata; e la chiamata può esprimersi mediante una voce interiore. E ci avverte: «La voce interiore ci mostra il male in modo allettante e suasivo, per farci cadere in tentazione. Se non gli si cede neppure in parte, nulla di questo male apparente entra dentro di noi, e allora non può esserci neppure alcun rinnovamento, né alcuna rigenerazione. Se l'*Io* invece ubbidisce solo parzialmente ed è in grado di affermare sé stesso evitando di essere completamente fagocitato, allora può rendere propria la voce, e ne risulterà che il male era solo apparentemente tale, mentre in realtà reca salute e illuminazione. ... Nella voce interiore, l'infimo e il sommo, l'eccelso e l'abietto, verità e menzogna spesso si mescolano imperscrutabilmente, aprendo in noi un abisso di confusione, di smarrimento e di disperazione.[43]»

Di tutt'altro tenore la riflessione del Maestro francese riguardante Plutone all'Ascendente:

«Come viene vissuto Plutone all'Ascendente? Molto spesso, con l'oscuramento della propria persona. Il soggetto vibra al sussulto delle viscere, come colpendo pesantemente un gong che risveglia l'animalità delle profondità, turbandolo, rendendolo tenebrosamente triste. Impantanato nella sua feccia, il soggetto si dibatte in problemi di coscienza, si tormenta, è ansioso, angosciato. Può succedergli di mutare la tensione interiore con manifestazioni nevrotiche: fenomeni fobici ... se non ossessivi.» (Barbault, 2002, p. 170)

Come si vedrà nel prosieguo, l'osservazione di questo Maestro non pretende di avere validità generale.

Difficile immaginare un contrasto più netto, com'è altrettanto difficile prevedere come e in che ambito si manifesterà la tendenza. E tuttavia questo è il compito ineludibile che si prospetta alle persone che espongono una dissonanza Sole-Plutone nel cielo di nascita.

---

[42] Carl Gustav Jung, *Il divenire della personalità*, Opere, Vol. XVII, Boringhieri, Torino, 1991, p. 178.
[43] *Op. cit.* p. 179.

Sole all'Ascendente – Plutone al Discendente.

Iniziamo con il ventunesimo Presidente degli Stati Uniti Chester Alan Arthur (Fairfield, Vermont, 5 ottobre 1829 alle 06:08) che espone l'opposizione Sole-Plutone lungo l'asse Ascendente-Discendente, con il Sole appena sorto all'orizzonte. Sale alla Casa Bianca per puro caso, all'atto dell'assassinio del Presidente James Garfield di cui era vicepresidente. Un politico di razza, malgrado la sua iniziale cattiva reputazione di politico clientelare (lo *spoil system* americano) fu considerato dignitoso e rispettoso del suo ruolo; muore all'età di 57 anni e cade presto in oblio.

Diverso il caso del politico francese André Marie (Honfleur, 3 dicembre 1897 alle 8:00), combattente decorato della I e II guerra mondiale. Entra nella resistenza, viene imprigionato e internato a Buchenwald. Guardasigilli prima, e ministro della pubblica istruzione poi, nel dopoguerra. Una carriera onorata.

Diana Oughton (Dwight, Illinois, 26 gennaio 1942 alle 07:04), decide di far politica a modo suo, da rivoluzionaria di estrema sinistra. Muore a 28 anni, in seguito all'esplosione di una bomba artigianale che stava confezionando, in vista di un progettato attentato a una base militare americana.

Warren Kenton (Londra, 8 gennaio 1933 alle 8:30), ebreo sefardita cabalista, astrologo, notevole studioso, autore prolifico. In un'intervista (risalente al 1999)[44], afferma di avere memoria delle sue precedenti incarnazioni. Nel corso del colloquio commenta anche la sua carta del cielo, ma stranamente omette di chiosare la sua opposizione Sole-Plutone angolare.

Roderick MacKinnon (Melrose, Massachusetts, 19 Febbraio 1956 alle 06:25), medico, premio Nobel per la chimica del 2003. Un plutoniano puro: Sole opposto a Plutone, Luna in quadratura a Plutone, Marte in trigono a Plutone, Giove congiunto a Plutone, Saturno in quadratura a Plutone, Nettuno sestile a Plutone. Plutone congiunto al Discendente. Alcuni dati sul carattere e sulla vita privata sono reperibili sul sito internet del Premio Nobel. Nelle note da lui stesso fornite, racconta che da bambino si divertiva a fabbricare piccoli vulcani, simulando eruzioni per mezzo di una miscela di aceto e bicarbonato. Racconta anche che la morte precoce della sorella lo segnò profondamente, e lo indusse ad assumere un

---

[44] Cfr. il sito internet Skyscript (consultato il 27/12/2015)

atteggiamento di vita del tipo "cogli l'attimo, fai ciò che ti gratifica". Per questo abbandonò la medicina e si dedicò alla chimica. Si sa che entrambe le tematiche sopra evidenziate (eruzioni vulcaniche e morte) sono collegate al simbolismo di Plutone.[45] MacKinnon, il cui instancabile lavoro si è focalizzato sulle cellule e sui canali ionici, sembra tuttavia assomigliare più a un alchimista alla ricerca del segreto della vita.

Arthur Rimbaud (Charleville, 20 ottobre 1854 alle 6:00) "poeta maledetto". André Barbault ne traccia il seguente ritratto: «Dapprima una meteora, ispirato poeta apollineo. L'identificazione con l'astro del giorno è tale da volerlo fare tornare "al suo primitivo stato di figlio del sole", mediante la creazione di una realtà tutta sua, grazie al potere sovrannaturale de "l'alchimia del verbo", credendo di essere un "veggente", volendo essere Dio che maneggia il fuoco celeste da demiurgo creativo. Vaticinio di una finale inflazione egocentrica. Poi, deluso, tutto si capovolge. Non è più Dio che gli si presenta, ma il diavolo. Inizia così un periodo infernale della rivolta assoluta di un ragazzo insopportabile che sputa in faccia al mondo il suo odio e il suo disgusto. Vuole diventare un bruto, è "una bestia, un negro"; "si tratta di farsi un'anima mostruosa" con "l'amore del sacrilegio"; sfacciato e insolente, provocazioni canagliesche, ubriacature, vagabondaggio. Scrive "Dio di m..." sulle porte delle chiese; un mascalzone dal partito preso, affamato di fango, di crimini, di satanismo; il maledetto, il nichilismo totale.» (Barbault, 2002, p. 152, 153)

Sole al Discendente – Plutone all'Ascendente.

John Barrowman (Glasgow, Scotland, 11 marzo 1967 alle 17:25). Attore, cantante, ballerino. Molto attivo nella difesa dei diritti gay.

Anton Rodgers (Wisbech, England, 10 gennaio 1933 alle 16:00). Attore versatile di cinema e teatro.

Barbara Sukowa (Bremen, 2 febbraio 1950 alle 17:45). Attrice versatile, poi cantante.

Pete Rugolo (San Piero Patti, 25 dicembre 1915 alle 16:00). Musicista e compositore jazz. Muore all'età di 95 anni.

---

[45] Cfr. il sito internet dedicato al Premio Nobel (consultato il 6/1/2016)

Rob Johnson (Newport Beach, California, 18 marzo 1973 alle 18:03). Notevole giocatore di football americano.

Matthew Savage (Sudbury Massachusetts, 12 maggio 1992 alle 19:25). Autistico, bambino prodigio. Musicista e compositore straordinario.

Patrice van Eersel (Safi, Marocco, 30 gennaio 1949 alle 18:55). Giornalista e scrittore prolifico, si occupa principalmente di spiritualità ed esperienze di premorte.

Natalie Cole (Los Angeles, 6 febbraio 1950 alle 18:07). Cantante di successo, figlia del famoso Nat King Cole, cresce in una famiglia molto famosa e facoltosa di artisti e compositori. Eroinomane per gran parte della vita.

Sole al Fondo Cielo – Plutone al Medio Cielo

John Minton (Londra, 25 dicembre 1917 alle 23:59). Pittore, illustratore. Carattere instabile, alcolista, muore suicida.

Alexandre Cabanel (Montpellier, 28 settembre 1823 alle 0:00, quindi inizio giorno). Pittore accademico di grande successo, famoso – tra l'altro – per il suo sensuale *La nascita di Venere* (vedi sotto). Genitura fortemente dissonante, caratterizzata dalla presenza del Grande Quadrato.

Kevin Coe, (Spokane, Washington, 2 febbraio 1947 alle 23:52). Stupratore recidivo, condannato all'ergastolo. Attualmente rinchiuso a vita in una struttura simile a un manicomio criminale. Famiglia di origine molto facoltosa. Il Plutone del soggetto appare particolarmente stimolato: Sole opposto a Plutone (angolare), Mercurio opposto a Plutone, Venere in sesquiquadratura a Plutone, Marte opposto a Plutone (e pertanto congiunto al Sole), Saturno congiunto a Plutone, Urano e Nettuno in sestile a Plutone.

Sole al Medio Cielo – Plutone al Fondo Cielo

Willy Brandt (Lübeck, 18 dicembre 1913 alle 12:45). Politico tedesco di razza, sindaco di Berlino, poi cancelliere. Premio Nobel per la pace nel 1971. Per parecchi anni rappresenta la coscienza morale della Germania. Vita matrimoniale assai complicata.

Dan Quayle (Indianapolis, Indiana, 4 febbraio 1947 alle 11:48). Politico, vicepresidente degli Stati Uniti 1989-1993. La famiglia di origine è estremamente abbiente. Durante il suo mandato, fu ripetutamente ridicolizzato dalla stampa nazionale ed estera per le sue numerosissime gaffe e il suo eloquio confuso e contraddittorio. Questo a mio avviso è un classico caso di emersione dell'Ombra, tramite la funzione inferiore, sotto forma di *Briccone*.[46] Il briccone è noto per giocare tiri mancini, è ingenuo e scaltro allo stesso tempo, si diverte a creare situazioni imbarazzanti. Nel momento in cui le caratteristiche inferiori, infantili e primitive di Quayle emergevano pubblicamente, egli diventava per ciò stesso il ricettacolo di collettive proiezioni d'Ombra.

Nell'oroscopo di Quayle troviamo la congiunzione Sole-Marte al Medio Cielo in opposizione alla triplice congiunzione Luna-Saturno-Plutone al Fondo Cielo!

Marie Curie (Varsavia, 7 novembre 1867 alle 12:00). Scienziata, due volte premio Nobel: nel 1903 per la fisica e nel 1911 per la chimica. Insieme al marito Pierre, studiano il fenomeno della radioattività e isolano il radio e il polonio. Muore di anemia aplastica.

John DeLorean (Detroit, Michigan, 6 gennaio 1925 alle 12:00). Ingegnere meccanico, ideatore di modelli vincenti di automobili

---

[46] Non posso in questa sede dilungarmi sulle quattro funzioni della coscienza, come formulate da C. G. Jung. Basti sapere che "la funzione inferiore è la porta attraverso la quale tutte le figure dell'inconscio entrano nella coscienza. La nostra sfera cosciente è come un stanza con quattro porte, ed è dalla quarta porta che fanno il loro ingresso l'Ombra, l'Animus o l'Anima e la personificazione del Sé." (von Franz, *Tipologia psicologica*, p. 92)

Chrysler, Packard e General Motors. Fonda la sua casa automobilistica, conduce un elevatissimo stile di vita. Prima di fallire, viene arrestato e accusato dall'FBI di trafficare in cocaina. È assolto, si converte a una setta religiosa. Sposato quattro volte. La sua genitura espone, oltre all'opposizione Sole-Plutone, anche la quadratura Marte-Plutone, con Marte in Ariete all'Ascendente.

Martin Luther King (Atlanta, Georgia, 15 gennaio 1929 a mezzogiorno). Figlio e nipote di un pastore protestante (i genitori erano colti e avevano studiato al college), e pastore egli stesso, grande oratore, leader della lotta nonviolenta degli afroamericani per i diritti civili. Premio Nobel per la pace nel 1964. Ostacolato da oscure e sotterranee forze governative, spiato, minacciato, ricattato, intercettato. Fu contestato dal leader radicale afroamericano Malcom X e altre organizzazioni giovanili nere. Non ha mai ceduto. Si è rumoreggiato molto sulle sue numerose infedeltà coniugali. Assassinato il 4 aprile 1968.

Un altro gigante tormentato è il colosso filosofico Friedrich Nietzsche (Röcken, 15 ottobre 1844 alle 10:00), la cui genitura è caratterizzata da diverse opposizioni planetarie, tra cui figura quella – molto precisa – tra Sole e Plutone. Dichiarato demente, trascorre gli ultimi 11 anni della sua vita in stato vegetativo. Il superuomo, la volontà di potenza, la "morte di Dio". «Certo, il nucleo profondo del suo genio furioso rientra nel quadro di Plutone. Dobbiamo incolpare lui per quanto attiene la sua antropologia del nichilismo, che trova le radici nella morte del padre quando aveva quattro anni. Nichilismo rivelato dalla famosa frase "Dio è morto", così egregiamente illustrata dall'opposizione dell'astro (Plutone, *N.d.A.*) al Sole.» (Barbault, 2002, p. 56, 57)

Il tema natale di Ahmed Ben Bella (Maghnia, Algeria, 25 dicembre 1916) pur privo dell'ora, rivela egualmente la potenza di una opposizione Sole-Plutone. Arruolato nell'esercito francese, si distingue per coraggio durante la battaglia di Monte Cassino della II guerra mondiale. Leader rivoluzionario indipendentista del Fronte di liberazione nazionale algerino, diventa in seguito il primo presidente dell'Algeria indipendente. Rovesciato da un colpo di stato nel 1965, muore nel suo letto all'età di 95 anni.

Tra gli oroscopi con opposizioni Sole-Plutone degne di nota annoveriamo anche quello – per altro non angolare – di Michelangelo (Caprese, 6 marzo 1475 alle 1:45 circa). Colpisce subito l'occhio la configurazione ad "aquilone" del sommo artista, con Plutone che ne forma la punta alla sommità. Sole congiunto a Marte, entrambi in opposizione a Plutone rendono conto della sua attività molteplice e a tratti forsennata di quest'uomo complesso e inquieto, seppure enormemente creativo.

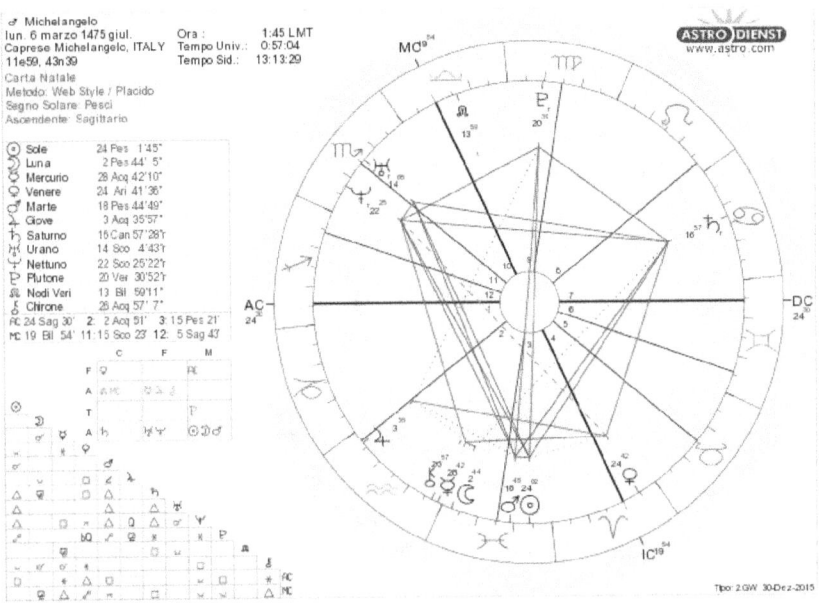

È ancora un'opposizione Sole-Plutone (quest'ultimo congiunto strettamente alla Luna), che domina – tra la casa II e l'VIII – la genitura della regista Liliana Cavani (Carpi, 12 gennaio 1933 alle 3:45); dominante assistita – come non poche volte accade negli attori e nelle persone creative in genere – da un Nettuno svettante al Medio Cielo. Un'infanzia segnata dalla morte, che incontra per la prima volta a 6 anni entrando di soppiatto all'obitorio, poi a 8 anni sotto forma di una salma esumata al cimitero, e ancora nel cadavere della mamma di un piccolo amico, deposta nella cassa. Poi, durante i terribili anni della Resistenza antifascista, la vista di 16 partigiani uccisi in piazza, un cumulo di corpi ammonticchiati ancora grondanti di sangue. Una personalità complessa, irrequieta, tuttavia dotata una spiritualità che si manifesta nella sua fascinazione per San Francesco e il tibetano Milarepa. Scava i suoi personaggi, con l'aiuto della psicoanalisi. Ne *Il portiere di notte* il protagonista è un ex ufficiale nazista, che nel dopoguerra vive nell'ombra insieme ai suoi camerati, e intreccia un rapporto sadomasochistico con una ex internata. Porta sullo schermo *La Pelle* tratto dall'omonimo romanzo del plutoniano Curzio Malaparte.

Nel corso di un'intervista, le viene chiesto: "L'individuo alla fine ci salverà?" Cavani risponde testualmente come segue: "Salvarci da che cosa? Forse dalla banalità, dalla volgarità? Dalla morte? Dalla morte no perché la morte non esiste, lo dico seriamente. Ne convengono tutte le religioni. D'accordo con la scienza bisogna ammettere delle trasformazioni sulle quali però siamo ancora troppo ignoranti. Dio è vita comunque. I Vangeli sono un testo serio. E la Speranza è la virtù più civile che ci sia.[47]»

§§§

L'opposizione Sole-Plutone, sia pure non angolare, come abbiamo visto, merita comunque menzione.

Iniziamo con Giorgio Gaber (Milano, 25 gennaio 1939 alle 22:20). Notissimo e originale cantautore. Di tutta la sua produzione, pare particolarmente in assonanza con la sua "plutonianità" il testo della canzone *I mostri che abbiamo dentro*, in cui l'artista – non importa se consapevolmente o meno – delinea con grande efficacia l'oscura figura dell'Ombra. È interessante leggerne qui sotto il testo integrale.

Nel suo *Io se fossi Dio* Gaber scaraventa poi in faccia all'ascoltatore una feroce invettiva in cui nessuno si salva: borghesi, ipocriti, politici di ogni colore, comunisti e socialisti, e pure i "democristiani untuosi", e i radicali sempre pronti a promuovere mille inutili referendum, i pedagogisti permissivi, il buonismo dei terzomondisti, i razionalisti, i giornalisti, i terroristi... E invoca punizioni severe e dure per i malfattori di ogni risma, e rimpiange gli autentici moti di dell'animo degli antichi, che avevano il coraggio di odiare e ammazzare senza infingimenti o ambiguità: «Per questo io se fossi Dio, preferirei il secolo passato, se fossi Dio rimpiangerei il furore antico, dove si odiava, e poi si amava, e si ammazzava il nemico!»

Ce n'è per tutti, tanto che l'artista dovette produrre in proprio questa canzone e venderla al di fuori del normale circuito

---

[47] Cristiana di San Marzano, *Intervista a Liliana Cavani*, 24/06/2015 pubblicata sul sito internet State of mind (consultato il 6/1/2016)

commerciale rappresentato dai negozi di dischi. Una canzone che rappresenta assai bene il disgusto e "l'ira del giusto" nei confronti di una società ipocrita, fasulla, marcia, corrotta, malata e irrimediabilmente debole e decadente.

I mostri che abbiamo dentro
(testo)
Fa un certo effetto non capire bene
da dove nasce ogni tua reazione.
E tu stai vivendo senza sapere mai
nel tuo profondo quello che sei
quello che sei.
 I mostri che abbiamo dentro
che vivono in ogni uomo
nascosti nell'inconscio
sono un atavico richiamo.
I mostri che abbiamo dentro
che vagano in ogni mente
sono i nostri oscuri istinti
e inevitabilmente
dobbiamo farci i conti.
I mostri che abbiamo dentro
silenziosi e insinuanti
sono il gene egoista
che senza complimenti
domina e conquista.
I mostri che abbiamo dentro
ci spingono alla violenza
che quasi per simbiosi
si è incollata alla nostra esistenza.
La nostra vita civile
la nostra idea di giustizia e uguaglianza
la convivenza sociale
è minacciata dai mostri
che sono la nostra sostanza.
I mostri che abbiamo dentro
i mostri che abbiamo dentro.
I mostri che abbiamo dentro
ci fanno illanguidire
di fronte a quella cosa

che spudoratamente
noi chiamiamo amore.
I mostri che abbiamo dentro
sono insaziabili e funesti
sono il potere a tutti i costi
ma anche chi lo odia
soltanto per invidia.
I mostri che abbiamo dentro
ci ispirano il grande sogno
di un Dio severo e giusto
col mitico bisogno
di Allah e di Gesù Cristo.
I mostri che abbiamo dentro
ci inculcano idee contorte
e il gusto sadico e morboso
di fronte a immagini di morte.
La nostra vita cosciente
la nostra fede nel giusto e nel bello
è un equilibrio apparent
che è minacciato dai mostri che abbiamo
nel nostro cervello.
I mostri che abbiamo dentro
crescono in tutto il mondo
i mostri che abbiamo dentro
ci stanno devastando.
I mostri che abbiamo dentro
che vivono in ogni mente
che nascono in ogni terra
inevitabilmente ci portano alla
guerra.

L'oroscopo di Gaber evidenzia l'opposizione Sole-Plutone, con quest'ultimo che si fa punto ricevente di un trigono sia di Luna che di Marte.

Restando in campo musicale, impossibile non menzionare Elvis Presley (Tupelo, Mississippi, 8 gennaio 1935 alle 4:35), il "re del rock and roll", conosciuto anche come "Elvis the pelvis" (Elvis il pelvi) per via delle sue scatenate movenze sulla scena, impregnate di un erotismo del tutto evidente, un cantante dalla voce gradevole fattosi interprete della naturale tendenza al ribellismo dell'irrequieta generazione dell'immediato dopoguerra. Di bell'aspetto, adorato da milioni di adolescenti di tutto il mondo, percepito come stupefacente sex symbol, in realtà il carattere e il fisico di Elvis a nemmeno 40 anni evidenziava segni di cedimento per via dello stress e del fallimento matrimoniale. Si imbottisce di sedativi, anfetamine, narcotici, droga. Muore a soli 42 anni, e subito entra nella leggenda.

La triplice congiunzione di Sole-Mercurio-Venere in casa II si oppone a Plutone in casa VIII. Come sovente avviene, anche Nettuno – non troppo distante dal Medio Cielo – gioca un ruolo non trascurabile in questa genitura.

John Travolta (Englewood, New Jersey, 18 febbraio 1954 alle 14:53). Attore, ballerino. Anche in questo caso l'opposizione si verifica tra la II e l'VIII casa, tuttavia a ruoli invertiti: Plutone in II e Sole in VIII. Travolta non solo ha perso un figlio di 17 anni, ma è stato oggetto di ricatti e azioni legali per via della sua presunta omosessualità. Affiliato a Scientology dal 1975, non è chiaro se ancora ne faccia parte. La biografia dell'attore presenta lati oscuri, difficili da valutare senza un documentato e accurato approfondimento. Una vita non facile, come spesso succede ai protagonisti dello *star system* americano.

Ancora un attore, questa volta italiano. Alessandro Gassmann (Roma, 24 febbraio 1965 alle 17:15 – anagrafe). Figlio di Vittorio; attore e regista. In un'intervista[48], dichiara di parteggiare per i più deboli e fa politica via twitter; quando viaggia all'estero gioca a fare il mafioso; in analisi da anni, ha sofferto di ansia e attacchi di panico. «Dal punto di vista analitico, il mio problema è stato definito disturbo d'ansia generalizzato. ... A un certo punto, ho dovuto farmi aiutare perché il disagio si era evoluto, era diventato troppo grande: attacchi di panico. Spiegarli non è facile. Ecco, è la stessa sensazione che provereste se entrasse nella stanza un animale feroce, all'improvviso. Vuole attaccarvi e voi non potete combatterlo. E allora monta la paura, il cuore esplode fuori dal petto, vi sembra di morire. ... L'animale feroce non si è ripresentato, però devo dirgli grazie.[49]»

Sole, Luna e Mercurio dissonanti alla congiunzione Urano-Plutone in Vergine in I casa (ovviamente, il Sole lancia

---

[48] Stefania Berbenni, *Non sono più il figlio di Gasman*, Panorama, 30 luglio 2015.

[49] Testo raccolto da Eliana Liotta nel luglio 2005 per *OK La salute prima di tutto*.

l'opposizione dal segno dei Pesci). Marte ci mette del suo, congiunto a Plutone. Un cielo di nascita davvero complesso, in cui anche l'opposizione Giove-Nettuno lungo l'asse Medio Cielo-Fondo Cielo gioca un ruolo non secondario.

È istruttivo il raffronto con la genitura del padre Vittorio (Genova, 1 settembre 1922 alle 15:00). Anche Vittorio Gassman presenta una chiara segnatura plutoniana, con il Sole in sestile a Plutone e la Luna in quadratura a quest'ultimo (aspetto "trasmesso" al figlio Alessandro), oltre ad altri aspetti di cui Plutone è parte ricevente. A rinforzare la presenza dell'astro, la presenza di Sole e Nettuno in casa VIII. E, per finire, Marte è angolare all'Ascendente. È noto che il grande attore fosse sovente depresso e si faceva ricoverare in clinica psichiatrica per ricevere sollievo. Sulla depressione e sulla melanconia sono stati scritti fiumi di parole, impossibili da riassumere neppure in forma di breve rassegna. Basti qui ricordare che, tradizionalmente, sotto il profilo astrologico, la melanconia da secoli viene associata al pianeta Saturno. Ora, esaminando la genitura di Gassman padre, non troviamo evidenza di un Saturno particolarmente significativo: non è angolare, non è leso in modo grave, è congiunto a Mercurio, aspetto che in qualche modo rinforza l'elemento Terra della carta del cielo. Eppure, il grande Mattatore andava soggetto a pesanti periodi "neri". Aveva molta paura della morte e ne era addirittura ossessionato; sottopongo pertanto agli studiosi l'ipotesi che gli stati depressivi fossero in realtà manifestazioni di una forma di tanatofobia, astrologicamente riconducibile al fascio di valori Plutone-casa VIII ben rappresentati nella sua genitura.

A proposito della presenza di Sole-Vergine collocato nella casa VIII, riporto qui di seguito la testimonianza di una persona che lo espone nel suo cielo natale. Ho chiesto di comunicare la sua esperienza di vita vissuta al riguardo, assicurando che avrei omesso qualsiasi dato che poteva essere utilizzato per risalire alla sua identità. Ecco la sua dichiarazione:

Per un Sole in Vergine, che vorrebbe tutto prevedibile e ripetibile, vivere dentro l'ottava casa è stato un severo e a volte straziante confronto con l'impermanenza. La consapevolezza di una assoluta e inesorabile mancanza di potere, che paradossalmente si è trasformata nel mio potere più grande. Tutto cambia, niente e nessuno può essere posseduto o trattenuto; nemmeno l'uomo più amato, la situazione più rassicurante, le consuetudini più care e preziose. Ma, lasciando aperti cuore e mente, l'anima diventa il perno fisso di una ruota che gira, con infiniti raggi di luce che emanano dall'interno all'esterno e – quindi – viceversa. Così ho capito che l'amore è davvero eterno e sempre a disposizione come risorsa, mentre effimeri e contingenti sono solo le sue forme: i rapporti, ma anche gli interessi, le amicizie, le attività, i bisogni... Illusione dell'avere, esperienza del divenire, certezza dell'essere.

Proseguendo nella rassegna delle geniture che presentano l'aspetto di Sole in opposizione a Plutone, sempre non angolare, prendiamo ora in esame alcuni uomini di Stato.

Vittorio Emanuele III re d'Italia (Napoli, 11 novembre 1869 alle 22:15). In base a diverse testimonianze, sappiamo che il carattere del sovrano era chiuso, sospettoso, arcigno, controllato, puntiglioso. L'opposizione Sole-Plutone, tra Scorpione e Toro, si manifestò quindi in un carattere anale ritenuto, come attestato anche dalla sua grande passione per il collezionismo di monete. Una recente recensione della biografia *Victor-Emmanuel III*, redatta dallo storico francese Frédéric Le Moal, afferma che quando Vittorio Emanuele salì al trono «stabilì un clima di austerity: tagli drastici di spese, falcidia di servitù, eliminazione degli aspetti sfarzeschi e mondani della vita di corte. Questa scelta fu certamente "politica" ma anche, per certi versi, legata alla personalità del sovrano.[50]»

Assai diverso il caso di Francisco Franco (El Ferrol, 4 dicembre 1892 alle 00:30). Militare, vincitore della terribile e sanguinosissima guerra civile spagnola, dittatore e padrone del suo Paese per 36 anni consecutivi. Un uomo scaltro, indecifrabile, impassibile, prudente, circospetto, diffidente, cinico. Superstizioso collezionista di reliquie. Un mediocre che procrastinava importanti decisioni, spesso lasciando che le cose si decidessero da sé. Coraggioso come militare, freddamente crudele e spietato nella repressione di qualsiasi forma di dissenso. Tenne la Spagna fuori dal secondo conflitto mondiale, mantenendo un atteggiamento ambiguo e giocando su due fronti, fino a quando fu chiaro che le potenze dell'Asse ne sarebbero uscite sconfitte. Instaurò uno stato di polizia, utilizzando metodi affini a quelli di Joseph Fouché (vedi oltre): spionaggio, intimidazioni, ricatto, politica del *divide et impera*. Carattere anale alternativamente ritenuto e rilasciato: Sole opposto a Plutone, congiunzione Luna-

---

[50] Francesco Perfetti, *Vittorio Emanuele III? Un piccolo grande re*, "Il Giornale" del 9/9/2015.

Plutone (da poco uscita dalla culminazione), Marte in quadratura a Plutone, Sole in quadratura a Marte. Come in altri casi, anche Nettuno è un partecipe non secondario di questa genitura. Il periodo storico in cui visse e la carriera militare intrapresa certamente agevolarono la manifestazione di innate tendenze alla crudeltà.

Ancora qualche nominativo, afferente però la sfera letteraria.

Stefan Zweig (Vienna, 28 novembre 1881 alle 2:00). Scrittore notevole che raggiunse l'apice della sua fama e del successo nel decennio 1920-1930. Ebreo di nascita ma non di religione, all'avvento del nazismo i suoi libri furono bruciati al rogo e Zweig fu costretto a pellegrinare da Stato a Stato, fino ad approdare in Brasile, dove si suicidò nel 1942 insieme alla seconda moglie. Le sue biografie di personaggi famosi (Fouché, Maria Antonietta, Balzac, solo per citarne alcune) sono ben documentate, scritte in modo avvincente e rappresentano capolavori di acume psicologico. In questa genitura, Plutone richiama alla mente il tragico e leggendario destino dell'ebreo errante, travolto da eventi collettivi contro i quali non si può nulla. Sole in opposizione a Plutone, Luna in quadratura a Plutone, la casa VIII che ospita 4 pianeti, tra cui lo stesso Plutone.

Umberto Eco (Alessandria, 5 gennaio 1932 alle 18:30), recentemente scomparso. Docente universitario. Conosciuto dal grande pubblico per i suoi romanzi, tra cui spicca *Il nome della rosa*. Agli "addetti ai lavori" Eco – intellettuale impegnato e importante esponente dell'intellighenzia italiana – sembra anche avere in passato degnamente rappresentato quella specifica forma di potere che è il potere accademico. Lo scrittore appare particolarmente interessato all'idea di segreto, società segrete, come testimonia la sua conferenza del 26/6/2013 nel quadro delle attività culturali de *La Milanesiana*. Si chiede lo studioso: «Come si fa a mantenere il potere che deriva dal possesso di un segreto evitando che il preteso segreto diventi pubblico? Bisogna millantare un segreto vuoto. Avere un segreto e non rivelarlo non significa mentire, caso mai è una forma estrema di riserbo. Ma dire di avere un segreto mentre questo non esiste è mentire circa il segreto.» Il testo della conferenza riporta anche puntuali riferimenti alla massoneria e al segreto massonico. Il suo *Il nome della rosa*, ridotto all'essenza, altro non è che un romanzo giallo, in ambiente monastico medievale. Nelle sue astralità balza subito all'occhio la triplice congiunzione Sole-Marte-Saturno in opposizione a Plutone in casa XII, non molto lontano dall'Ascendente.

E, parlando di massoneria, non si può ignorare le astralità di uno fra i più noti (e discussi) esponenti, da poco uscito una volta per sempre dalla vita terrena ma forse non ancora dalle cronache giudiziarie.

Licio Gelli (Pistoia, 21 aprile 1919 alle 3:00). Ex venerabile della loggia P2, protagonista occulto della storia italiana, definito "gran burattinaio", oggetto di studio antropologico e di indagini di rilievo penale. La carta del cielo è costituita da una ragnatela di aspetti, tanto difficile da dipanare quanto lo sono state le vicende di vita del personaggio.

Sole in sestile a Plutone, Luna opposta a Plutone, Mercurio in quadratura a Plutone, Marte in sestile a Plutone, Giove congiunto a Plutone. E Nettuno che fa da comprimario, quasi a voler indicare la nebulosità e, in definitiva, l'inafferrabilità del soggetto.

Sempre in tema di poteri occulti, impossibile ignorare Luigi Bisignani (Milano, 18 ottobre 1952 alle 5:55), ex giornalista (radiato dall'Albo), scrittore, lobbista, al centro di diverse inchieste giudiziarie, da ultimo indagato per presunta appartenenza alla P4. Arrestato una prima volta nel 1994, è ancora posto ai domiciliari nel 2011 e nel 2014. Considerato un'eminenza grigia, ama muoversi nell'ombra. «Non ho mai amato apparire, non vado quasi mai a cene cui partecipano più di sei persone. E preferisco avere a che fare con un solo interlocutore così da concentrarmi su di lui e prestargli la massima attenzione.[51]»

Al momento della nascita, osserviamo una genitura fuori dal comune: Sole in perfetto sestile a Plutone, Luna in perfetta opposizione a Plutone; Sole in stretta congiunzione a Nettuno in I casa (scarto inferiore a 1°), Urano altissimo al Medio Cielo. Particolarmente significativo l'intervento di Nettuno.

---

[51] Giorgio Dell'Arti, *Catalogo dei viventi 2015* (in preparazione)

Abbiamo visto alcuni esempi di angolarità di Plutone in concomitanza agli aspetti formati con il Sole. Tuttavia non mancano i casi in cui il carattere è forgiato dalla sola presenza dell'astro indifferentemente in uno dei quattro angoli del cielo; senza contare che la dominante (o forte componente) plutoniana può scaturire anche da altri fattori, come ad esempio una casa VIII molto occupata (talvolta occupata dal solo Plutone), oppure da un grumo di pianeti intorno al pianeta – senza che necessariamente tra questi siano presenti i luminari. Occorre anche ribadire che la dominante (quale che sia il pianeta o altro fattore che la costituisce) è sovente accompagnata da una co-dominante di pari importanza, oppure da una o più sottodominanti che possono amplificare o smorzare la segnatura principale. Oppure ancora queste possono manifestarsi in modo contraddittorio, o in diverse successioni temporali. Una personalità non è mai tagliata con l'accetta, è generalmente un arcobaleno di sfumature che possono riservare infinite sorprese.

Thomas Mann (Lübeck, 6 giugno 1875 alle 10:15), scrittore, premio Nobel per la letteratura del 1929. I suoi capolavori: *I Buddenbrook: decadenza di una famiglia*, *La morte a Venezia* e *La montagna incantata* hanno in comune l'idea della decadenza, del disfacimento e della morte. In *La morte a Venezia* nell'ossessione del vecchio professore Gustav von Aschenbach traspare una presunta inclinazione alla pederastia dell'Autore, che sarebbe confermata dalla lettura dei suoi diari, resi pubblici nel 1975 (si veda la voce "Thomas Mann" in Wikipedia di lingua inglese). Mentre *La montagna incantata* espone impietosamente il lettore alla malattia e alla morte, dalla prima all'ultima pagina. Nel romanzo, il tema del disfacimento fisico causato dalla tubercolosi s'intreccia con l'eros della non consumata storia d'amore tra il protagonista Hans Castorp e Clavdia Chauchat, la molle e indolente bellezza russa che non sarà mai sua. Plutone al Medio Cielo, in congiunzione a Venere. Riferendosi alla congiunzione Venere-Plutone, Barbault parla di "erotizzazione dell'angoscia, passioni tenebrose, pericolose, fatali." (Barbault 2002, p. 180). Ovviamente sono definizioni che si applicano a casi estremi.

Luchino Visconti (Milano, 2 novembre 1906 alle 19:30). Regista di eccezionale talento, un caposcuola del neorealismo italiano. Gira film che sono entrati a buon diritto nella storia del cinema, anche avvalendosi di attori famosi, come ad esempio Dirk Bogarde e Burt Lancaster, Claudia Cardinale e Annie Girardot. Un tema ricorrente è il disfacimento morale o fisico, sia nella famiglia (come in *Vaghe stelle dell'orsa*, dove affronta il tema dell'incesto, e uno dei protagonisti si suicida), quanto nell'individuo (come in *La morte a Venezia* in cui viene dipinta l'ossessione di vecchio professore di musica per un efebo nel quadro di un'epidemia di colera che devasta la città lagunare e si porta via anche il vecchio von Aschenbach) – che si conclude nella morte o nella pazzia (*Ludwig*). L'omosessualità di Visconti – apertamente dichiarata sin dal 1945 e vissuta come sfida nell'Italia bacchettona dei governi democristiani del dopoguerra – si rispecchia anche nell'ambiguità di Ludwig, il sovrano bavarese dalle spese folli, le cui reali circostanze di morte restano ancora oggi misteriose. Le finissime antenne del regista sono sintonizzate sull'idea della crisi, come ebbe a dichiarare i un'intervista del settembre 1960: «Il mondo attuale vive in crisi: crisi morale, crisi sociale, crisi spirituale. È un dato della nostra società. Ma le sconfitte non sono mai totali né definitive, bensì temporanee. E da ogni sconfitta nascono nuove forze e nuovo vigore. Questo è il concetto che sottende ai miei personaggi.[52]» Visconti nacque in una famiglia nobile e ricca, discendente dai duchi di Milano, fu un grande appassionato di equitazione e di cavalli e tuttavia, da buon Scorpione plutoniano, si ribellò alla tradizione iscrivendosi al Partito Comunista e sostenendo la Resistenza contro il regime fascista. E dopo i fatti d'Ungheria del 1956 assunse una posizione critica nei confronti della linea ufficiale del partito, il quale appoggiò la linea repressiva sovietica. Il pensiero va inevitabilmente al carattere anale (nell'aspetto ritentivo) accennato in precedenza, che trovò anche evidente manifestazione in un perfezionismo riconosciuto da tutti i suoi attori e collaboratori: «Io sono regolato fino alla pedanteria nel lavoro come nella vita. Non ammetto mezzi termini. ... Sul lavoro poi riconosco di essere un perfezionista. ... La gente che lavora con me si abitua al mio ordine, al mio perfezionismo ... dicono anzi che quando lavoro incanto gli attori. Forse c'è una specie di magnetismo...[53]» Forse non lo si potrebbe definire un plutoniano tormentato, ma senza dubbio un personaggio "contrastato", per

---

[52] Cfr. il sito internet "Alla ricerca di Luchino Visconti (consultato il 7/1/2016)
[53] Cfr. il sito internet "Alla ricerca di Luchino Visconti (consultato il 7/1/2016)

quanto enormemente creativo: «Se guardi i miei film, trovi sempre contrasti, conflitti.[54]» Plutone all'Ascendente, Sole in sesquiquadratura a Plutone, Venere in opposizione (larga, scarto 10°) a Plutone.

Restando nel campo dello spettacolo, è recente la notizia della morte di Silvana Pampanini (Roma, 25 settembre 1925 alle 23:00), attrice bellissima e sensuale, cantante, che fece sognare un'intera generazione di italiani (e non solo). La sua carriera inizia con la partecipazione a Miss Italia del 1946, che formalmente non vincerà, ma che segnerà l'inizio di una lunga serie di trionfi. «Spezza il cuore a molti illustri uomini: la cronaca rosa racconta di flirt con principi e re, da quello afgano Ahmad Shah Khan a Faruq I d'Egitto, fino a colossi del cinema mondiale come Tyrone Power, Omar Sharif e Orson Welles. Persino Totò pare avesse scritto la celebre *Malafemmena* per lei ... L'unica certezza – lei smentì sempre tutto, parlando di un unico amore, un uomo più vecchio di lei e mai identificato – è che Antonio de Curtis la chiese in moglie incassando un "ti amo come amerei un padre." ... In Francia la Pampanini è conosciuta con lo pseudonimo di Ninì Pampan: molti locali parigini, colpiti dalla popolarità dell'attrice sinonimo di sensualità ed avvenenza, vengono così ribattezzati in suo onore; in Giappone l'imperatore Hiro Hito, per riuscire a vederla da vicino, è addirittura pronto a infrangere le regole del più rigido cerimoniale.[55]» Muore all'età di 90 anni. Plutone all'Ascendente, la congiunzione Luna-Giove è in opposizione a Plutone lungo l'asse Ascendente-Discendente.

---

[54]Intervista di Tommaso Chiaretti in *Mondo nuovo*, 1960.
[55] Cfr. il sito internet di La Repubblica, articolo datato 6/1/2016 (consultato il 7/1/2016)

Fred Astaire (Omaha, Nebraska, 10 maggio 1899 alle 21:16) Ballerino, attore, ha dominato la scena per decenni, diventando una leggenda vivente. Sempre elegante, ineccepibile, stilisticamente perfetto. Viene grandemente ammirato da Michel Jackson, e Astaire ricambia la stima. Due plutoniani in perfetta sintonia. Lo psicoanalista bioenergetico Ron Robbins lo classifica nella tipologia del carattere anale trattenuto e scrive: «Il modo di danzare di Fred Astaire ci offre un chiaro esempio di come si esprimano compiutamente i tratti anali-ritentivi/analitici. Lo spettacolo da lui offerto è caratterizzato dall'attenzione al dettaglio: "…Astaire raggiunge l'eleganza con la sua fanatica attenzione al più piccolo particolare della danza…". L'aspetto giovanile, da "buon ragazzo", lo ha accompagnato per tutta la carriera. Vestito in modo molto formale e con uno stile tipico, quando danza Astaire esprime una grazia nitida, attentamente studiata e costruita. I movimenti del corpo, ben controllato, consistono in una sequenza di elementi di un'azione che non esprime il potente e continuo fluire dell'energia. Si ammirano elementi perfettamente organizzati e scanditi nel tempo che sostituiscono un fluire spontaneo, libero e naturale. In Astaire è la forma che è bella; ed essa consiste in ordine, parsimonia e controllo. Egli segue le "regole" del movimento e ne esprime il valore etico in modo perfetto. Quanto è diverso il suo stile studiato da quello più solido di Gene Kelley o da quello sessualmente eccitante di John Travolta. Questi ultimi due hanno chiaramente una posizione caratteriale ben diversa.[56]» Plutone al Discendente, in congiunzione con la Luna. Marte in sestile a Plutone.

Mentre il Plutone al Discendente di Astaire illustra assai bene il concetto di analità trattenuta, quello di Vittorio Sgarbi (Ferrara, 8 maggio 1952 alle 2:00), critico e storico dell'arte, rappresenta invece un eccellente caso di analità rilasciata. Le sue intemperanze fisiche e verbali, che gli hanno fruttato una montagna di querele, costituiscono una vera e propria variegata antologia. Sgarbi dispone di un numeroso harem di donne di ogni ceto ed età, che lo seguono adoranti nelle sue trasferte. Entrato più volte in politica, al momento in cui scrivo (5/2/2016) si vocifera di una sua candidatura a sindaco di Milano alla prossime elezioni amministrative. Ama il pugilato. Aggressivo, polemico, spiazzante, anticonvenzionale, ha litigato con mezzo mondo, e non mostra segni di voler smettere, né di ravvedimento. Alla sua nascita, Plutone è tramontato da poco e si trova poco distante dal Discendente; Sole in quadratura a Plutone; tre pianeti in casa VIII e, ciliegina sulla torta, Sole in opposizione a Marte-Scorpione. Più di così...

Sergio Marchionne (Chieti, 17 giugno 1952 alle 4:00). Supermanager strapagato di fama internazionale, plurilaureato, cavaliere del lavoro e lavoratore instancabile e formidabile. Mostra sin da ragazzino un'intelligenza e una capacità di apprendimento fuori dal comune. Un curriculum di successi strepitosi, definito un "furbetto cosmopolita" dall'imprenditore Diego Della Valle, su cui ci soffermeremo in seguito. Ama presentarsi in maglione agli incontri, anche i più formali, dove tutti gli ospiti, senza eccezione, indossano l'abito scuro. Una forte affermazione di sé, un gesto di rivolta al conformismo, una sfida al suo stesso ambiente dove si preferisce adeguarsi, omologarsi, e indossare il grigio come una divisa. Ha risanato la FIAT trasformandola praticamente in una multinazionale americana, e tramite la fusione con Chrysler ha dato vita al settimo gruppo industriale al mondo nel settore auto (fonte: *Il Sole 24 Ore*). «Nelle stanze del quartier generale Fiat, lungo i

---

[56] Ron Robbins, *The anal and the analytic*, in Journal of Bioenergetic Analysis, vol.10, num.2, anno 1999, pagg.71-87. Traduzione italiana di Donatella Nelli, a cura di Marta Pozzi e Monique Mizrahil.

corridoi, Marchionne è considerato una specie di marziano. Lo temono. Lo stimano. È soprannominato il Martellatore oppure Blackberry. La memoria e l'intuito lo spingono a intervenire su tutto, dal disegno di un pianale ai costi di un trattore, la tecnologia a fare più cose contemporaneamente e con più rapidità. Addirittura lo spot che promuoveva la nuova 500... l'ha fatto lui.[57]» Nell'ambito del workshop Ambrosetti di Cernobbio del settembre 2014 parla fuori dai denti e rilascia dichiarazioni polemiche contro burocrazia e sindacati, ed elenca una seri di nodi da sciogliere per fare ripartire il Paese. È dotato di un cielo natale assai particolare, che qui non è possibile commentare in dettaglio. Plutone al Fondo Cielo, assistito da un Marte-Scorpione di tutto rispetto, quest'ultimo valorizzato dal trigono del Sole e dall'opposizione della Luna.

Ettore Majorana (Catania, 5 agosto 1906 alle 20:15). Genio della fisica. Enrico Fermi lo volle con sé all'Istituto di Fisica di Via Panisperna e fu il suo relatore alla tesi di laurea. Fermi, dopo la sua misteriosa scomparsa nel marzo 1938, di lui disse: «Al mondo ci sono varie categorie di scienziati; gente di secondo e terzo rango, che fan del loro meglio ma non vanno molto lontano. C'è anche gente di primo rango, che arriva a scoperte di grande importanza, fondamentali per lo sviluppo della scienza. Ma poi ci sono i geni, come Galilei e Newton. Ebbene, Ettore Majorana era uno di

---

[57] Cfr. il sito internet *h2biz* (consultato il 10/1/2016)

questi.[58]» Plutone angolare al Fondo Cielo. La presenza di Saturno all'Ascendente in Pesci rende conto del suo carattere timido, estremamente introverso e riservato. Furono fatte molte ipotesi sulla natura della scomparsa dello scienziato; quella che risulta più coerente con le sue astralità (e personalità) riguarda la possibilità che abbia voluto isolarsi dal mondo chiudendosi in convento.

Diego Della Valle (Casetta d'Ete, 30 dicembre 1953 alle 3:20). Imprenditore eclettico, ha iniziato il suo iter lavorativo sviluppando l'azienda di famiglia operante nel settore calzaturiero. Lingua tagliente, non è uno che la manda a dire. Attacca ripetutamente gli Agnelli e Marchionne, ma non risparmia le sue battute mordaci neppure ai politici. Se Marchionne ama sfidare le convenzioni sociali col suo maglioncino nero, Della Valle esibisce senza problemi qualche etto di braccialetti al polso della mano destra. Industriale illuminato, si occupa del benessere dei suoi dipendenti con benefit vari che richiamano la lungimirante filantropia di Adriano Olivetti. Plutone altissimo al Medio Cielo, in sesquiquadratura al Sole, sestile alla Luna, in trigono a Mercurio e Venere, in sestile a Giove. Plutone governa l'Ascendente Scorpione, che ospita una stretta congiunzione Marte-Saturno, poco distante dall'Ascendente.

Joseph Fouché (Nantes, 21 maggio 1759, sconosciuta l'ora, ma probabilmente alle 1:45). Per molti anni uomo di potere al servizio della Rivoluzione, poi Ministro di polizia sotto Napoleone. Vive nell'ombra, trama, tradisce, ricatta, minaccia, costruisce una vastissima rete di spie. Un uomo demoniaco che ammassa un'ingente fortuna, tale da assurgere al posto di secondo uomo più ricco di Francia. A questo personaggio ho dedicato un capitolo del mio *Il punto dell'astrologia*, a cui mi permetto di rimandare il lettore. Plutone al Medio Cielo (secondo la ricostruzione dell'ora di nascita da me operata), coadiuvato da Saturno all'Ascendente.

Anche l'avvocato e uomo politico Maximilien Robespierre (Arras, 6 maggio 1758 alle 2:00), come Joseph Fouché, nacque con Saturno all'Ascendente e Plutone – congiunto a Giove – al Medio Cielo. Soprannominato *l'incorruttibile*, esercitò il potere con spietatezza, ma al contrario di Fouché, che ammassò ingenti ricchezze, morì povero. Sacerdote laico al servizio dei diseredati, mosso da un sogno egalitario, dotato di straordinaria e carismatica

---

[58] Roberta Rizzo, *Majorana, il peso di essere un genio* sul sito internet di Rainews (consultato il 10/1/2016).

eloquenza, seppe sintonizzarsi con quel rivoluzionario spirito del tempo che attraversò la Francia di fine XVIII secolo, uno spirito figlio degli illuministi. Domina per cinque anni la scena politica rivoluzionaria, infine soccombe egli stesso a quel Terrore che, per mezzo del Comitato di salute pubblica, aveva contribuito a instaurare e sale sul patibolo. Nel periodo del Terrore che va dal marzo 1793 a fine luglio 1794, si registrò un numero impressionante di vittime: un conteggio approssimativo denuncia 17.000 ghigliottinati, 25.000 esecuzioni sommarie, massacri di uomini, donne e bambini in Vandea in numero elevatissimo, seppure impreciso, mezzo milione di persone imprigionate (fonte: Wikipedia francese[59]).

John D. Rockefeller (Richford, New York, 8 luglio 1839 alle 23:55. L'ora non è certa.) Un plutocrate partito da niente, un self-made man in puro stile da sogno americano. Mi ero già occupato di questo straordinario personaggio con un lavoro intitolato *Giganti*[60] e datato fine febbraio 2008, in cui prendevo in esame anche John Pierpont Morgan e Cecil Rhodes. Non ho nulla da aggiungere a ciò che scrissi allora, quindi lo riporto qui di seguito in forma abbreviata rispetto alla versione originale.

«Prima dei nuovi signori del petrolio in Russia o in Cina. Prima delle leggendarie sette sorelle o delle loro eredi, quali il colosso Exxon Mobil. Prima, a cavallo tra l'Ottocento e il Novecento, c'era lui: John D. Rockefeller. L'uomo che sull'oro nero, sulla scoperta della sua importanza industriale e strategica aveva costruito uno degli imperi aziendali più grandi mai esistiti. Che aveva concentrato nelle sue mani un potere e una ricchezza con pochi eguali. Anzi, che quando si tratta di ricchezza vanta record ineguagliati: passato alla storia come il primo miliardario, come l'archetipo del *tycoon*, del magnate, Rockefeller valeva immensamente di più, fatte le debite proporzioni con le dimensioni dell'economia, degli odierni super-ricchi, da Bill Gates a Carlos Slim.» (Marco Valsania, *Il Sole 24 Ore* del 5/1/2008). Rockefeller, «figlio di un venditore ambulante, poligamo, mezzo imprenditore e mezzo ciarlatano, *la cui memoria lo tormentò a lungo*» si fece da sé, diventò il signore del petrolio e l'uomo più ricco del mondo. Fu anche, come molti dei suoi colleghi *robber barons*, un grande filantropo e visse fino all'età di 97 anni: una leggenda, un'incarnazione del sogno americano. Ron Chernow –

---

[59] Cfr. Wikipedia francese.
[60] Confluito, insieme ad altri saggi, nel mio *Astri e destino*.

autore della «più completa biografia su Rockefeller» dal significativo titolo *Titan: The Life of John D. Rockefeller, Sr* – scrive: "Ciò che lo rende problematico – e il motivo per cui continua a ispirare reazioni ambivalenti – è che il suo lato positivo era completamente buono; come era totalmente cattivo il suo lato negativo. La storia ha raramente prodotto un personaggio così contraddittorio" (citato in Wikipedia, dunque da verificare). ... In una conferenza tenuta l'8 marzo 1933, C. G. Jung affronta, tra l'altro, il complesso del denaro e afferma: «La gente che ha troppo pochi soldi può spiegare il proprio complesso del denaro con la mancanza di soldi di cui soffre ma, nel caso di un Rockefeller o di un altro tipo del genere, il complesso non può essere spiegato dal fatto che non ha denaro a sufficienza: ce ne ha più che a sufficienza; in tal caso è il fascino dell'oro, è qualcosa di simbolico, è un fattore religioso. Badate, Rockefeller è, a livello personale, un uomo estremamente religioso, *il suo dio è l'oro*, che brilla, è lucente e molto pesante, e lui serve quel dio per tre ore ogni mattina. La domenica, poi, passeggia con un libro di preghiere e serve un essere estremamente nebuloso che viene adorato dalla comunità battista, per rassicurare il mondo che si prende cura anche di quell'aspetto. Nel caso! Non si sa mai. *Ma il dio vero è l'oro giallo.*»[61]

Esaminiamo ora le astralità di questo titano. Il pezzo forte della genitura è indiscutibilmente l'angolarità ravvicinata di Plutone all'Ascendente, rinforzato dalla quadratura col Sole anch'esso angolare. Si potrebbe anche dire che la dominante è rappresentata dall'aspetto di quadratura, angolare, tra Sole e Plutone: l'uomo è comunque un plutoniano. Non è da trascurare la componente uraniana, data dal perfetto trigono tra Sole e Urano. A quest'ultimo proposito, occorre sottolineare che la genitura di un qualsiasi personaggio d'eccezione è sovente dotata di un Urano dominante o comunque ben rappresentato. Muore a 98 anni.

René Schwaller de Lubicz (Asnières-sur-Seine, 30 dicembre 1887 alle 14:00). Ingegnere chimico che si dà all'alchimia, teosofo, esoterista, ermetista, egittologo. In questo caso, Plutone all'Ascendente, accoppiato al Sole in casa VIII, sembra aver trovato uno sbocco creativo nella ricerca dell'occulto e delle cose nascoste che solo il fascino dell'Egitto dei faraoni può dare.

---

[61] C. G. Jung, *Visioni*, Magi, Roma, 2004, pag. 1015, 1016

Tra i pittori plutoniani spicca Clovis Trouille (La Fère, 24 ottobre 1889 alle 2:30), dall'erotismo spinto e dissacratorio, artista fortemente anticlericale e antimilitarista, che unisce nella sua opera il sesso, la morte e il sacro. Plutone altissimo al Medio Cielo si accoppia a meraviglia con Marte all'Ascendente.

Di tenore completamente diverso è l'opera del pittore impressionista Max Liebermann (Berlino, 20 luglio 1847 alle 8:00), il cui cielo natale espone una fortissima componente plutoniana: Sole in perfetta quadratura con Plutone, Luna opposta a Plutone, Mercurio in trigono a Plutone, Venere in sesquiquadratura a Plutone, Marte congiunto a Plutone. Ciò non ostante, la sua produzione sembra piuttosto risentire dell'opposizione Venere-Saturno lungo l'asse Ascendente-Discendente.

Nei suoi quadri raffigurò contadini e proletari, interni di ospedali e di ospizi, con uno stile incisivo, alieno da patetismi, nutrito di una vigorosa materia cromatica.[62]

Beppe Grillo (Genova, 21 luglio 1948 alle 2:30). Attore, controverso comico da battaglia. Polemico, acuto, caustico, satirico, pungente, graffiante, imprevedibile, travolgente, carismatico, protestatario, è entrato in politica creando dal nulla un importante movimento che rappresenta la prima forza d'opposizione in Italia. Inventa i V-Day nel corso dei quali manda a farsi fottere personaggi di ogni genere, sono giornate di protesta che riscuotono un grande successo. Il suo blog è seguito da milioni di persone in tutto il mondo. È stato ipotizzato che Grillo si sia ispirato alla figura di Coluche, con cui aveva girato un film. Francesco Merlo su Repubblica ricorda un vecchio aneddoto: «Dino Risi raccontò alla giornalista del Corriere Angela Frenda che sul set del film *Scemo di guerra* Grillo rimase affascinato da Coluche, il comico francese che nel 1980 annunziò la candidatura alla presidenza della repubblica con lo slogan "tutti insieme a dargli in culo con Coluche". I sondaggi gli assegnavano il 16 per cento ed era appoggiato da alcuni intellettuali di sinistra, tra cui Pierre Bourdieu, Alain Touraine e Gilles Deleuze. Disse Risi di Grillo: "Ha intuito che dire cose da bar

---

[62] *L'Universale*, *Arte*, vol. 8, Milano, 2003, p. 671.

è un'attività redditizia. Ed è più attore oggi che fa politica di quando tentava di fare l'attore"». (Merlo, La Repubblica 12/11/2012)[63]

Plutone troneggia al Fondo Cielo nella carta natale di Beppe Grillo. Vedi più avanti il commento all'oroscopo di Coluche, nel capitolo "Plutone e le stelle ... dello spettacolo".

Un recente studio di Grazia Bordoni[64] mi ha stimolato a soffermarmi sulla genitura di Luisa Spagnoli (Perugia, 30 ottobre 1877 alle 18:00). Di umili origini, creò dal nulla un'impresa di cioccolateria diventata famosa in tutto il mondo, soprattutto per merito del suo prodotto più noto, il *Bacio Perugina*. Ebbe anche l'intuizione di utilizzare il pelo pettinato di conigli d'angora per fabbricare scialli e indumenti vari.

Nata sotto il segno dello Scorpione, l'oroscopo di nascita ci mostra Plutone all'Ascendente, in quadratura alla Luna.

Margherita Sarfatti (Venezia, 8 aprile 1880 alle 14:00), pur essendo dotata di un fascino tale da legare a sé Mussolini, utilizzò il suo carisma per dominare a lungo la scena culturale italiana. «Anche il regime mussoliniano ebbe la sua suffragetta: si chiamava Margherita Sarfatti. Con tutta probabilità il personaggio femminile di maggior rilievo del fascismo italiano, questa elegantissima signora milanese conobbe Mussolini nel suo salotto di corso Venezia, dove era solita ospitare i migliori intellettuali, pittori e scultori italiani del primo dopoguerra. ... Capace scrittrice, fine intenditrice d'arte, dotata di notevole carisma, la Sarfatti non fu soltanto – per molti anni – l'amante del Duce, la sua confidente, la sua maestra di *bon ton*, l'arredatrice della sua prima casa romana. Fu anche il suo agente letterario per la stampa anglosassone e, forse – ipotizza Sergio Romano – *«l'autrice discreta dell'autobiografia [di Mussolini] che apparve in inglese nel 1928»*. I tempi non erano ancora maturi per un incarico governativo ma, nell'Italia fascista – sino alla fine degli anni Venti – Margherita Sarfatti svolse un ruolo da vero e proprio *"ministro delle Arti"*. I suoi amici pittori e scultori – da Carlo Carrà ad Arturo Martini, da Mario Sironi a Piero Marusso – venivano da orientamenti artistici eterogenei e insieme non formavano una *"scuola"*. Ciononostante la Sarfatti comprese la possibilità di dare una rappresentanza estetica al regime e, nel 1923, espose le loro opere nell'ambito di una sfarzosa e apprezzata mostra alla Galleria

---

[63] consultato il 7/2/2016
[64]Cfr. il sito internet Grazia e Paolo (consultato il 21/1/2016)

Pesaro di Milano. Diede a questo gruppo di artisti il nome "Novecento" e insistette, con successo, affinché la mostra fosse inaugurata in prima persona da Mussolini, per il quale scrisse un breve discorso in cui il presidente del Consiglio si atteggiava a protettore delle arti.[65]»

Nell'oroscopo di Sarfatti, Venere sta in sestile a Plutone, e quest'ultimo si trova al Medio Cielo. Sono inoltre presenti ben quattro pianeti nella casa VIII. Urano è in I casa, vicino all'Ascendente.

Francesca Vacca (Genova, 29 ottobre 1942 alle 20:00). Donna molto avvenente, è stata al centro delle cronache mondane per aver sposato a 25 anni il miliardario (in lire dell'epoca) Corrado Agusta, costruttore di elicotteri. In seguito, fu al centro della cronaca nera per le singolari modalità della sua morte, avvenuta l'8 gennaio 2001: pare fosse caduta accidentalmente sulla scogliera a precipizio sul mare, sotto la sua villa. Il cadavere della contessa fu ritrovato dopo due settimane, nelle acque francesi, a 370 chilometri da Portofino. La Procura della Repubblica di Chiavari archiviò il caso come decesso intervenuto a seguito di un incidente. Alla morte del marito aveva ereditato un'ingente fortuna che le consentiva di vivere la bella vita insieme al suo amante. Si parlò di lei come persona dal carattere instabile, sprofondata nella dipendenza da alcol e droga. Due tentativi di suicidio, uno in Italia e l'altro in Messico.

La nascita di Francesca era segnata dalla quadratura tra Sole-Scorpione e Plutone, Luna in semisestile a Plutone, Venere in quadratura a Plutone. Plutone è angolare al Fondo Cielo.

Albert Camus (Mondovi, Algeria, 7 novembre 1913 alle 2:00). Scrittore, premio Nobel per la letteratura nel 1957. Personaggio di altissimo valore intellettuale e morale, sempre controcorrente, spesso tormentato, alfiere di un nuovo umanesimo.

«Il suo lavoro è sempre teso allo studio dei turbamenti dell'animo umano di fronte all'esistenza, in balia dell'assurdo, ossia dell'irrazionalità che causa sofferenza inutile e senza significato, da cui il termine *assurdismo* usato talvolta per definirne la filosofia. L'unico scopo del vivere e dell'agire, per Camus, che pare esprimersi dialetticamente fuori dell'intimità esperienziale, sta nel combattere, nel sociale, le ingiustizie oltre che le espressioni di poca umanità,

---

[65] Matteo Inastasi, *Margherita Sarfatti, la mecenate ebrea amante del Duce*, del 9/2/2013 (consultato il 5/2/2016).

come la pena di morte. ... "Vi è solamente un problema filosofico veramente serio: quello del suicidio. Giudicare se la vita valga o non valga la pena di essere vissuta, è rispondere al quesito fondamentale della filosofia." (*Il mito di Sisifo*)[66]». Muore in un incidente stradale a soli 46 anni. Quando vide la luce, il Sole-Scorpione stava in sesquiquadratura con Plutone, la Luna in trigono, e Plutone si trovava altissimo al Medio Cielo.

In questa breve rassegna, non poteva mancare la genitura di un prelato.

Ersilio Tonini (San Giorgio Piacentino, 20 luglio 1914 alle 18:00). Sacerdote. Era assurto alla porpora cardinalizia.

La paura, gli orrori ci costringono a riconoscere un minimo di civiltà, accorgendoci dell'animalità spaventosa che c'è in noi e che può esplodere in certe condizioni. Solo l'uomo usa l'aggressività anche per il gusto di torturare, gli animali la utilizzano invece per vivere e per trasmettere la specie. Oggi si leva dappertutto un grido: *Bisogna salvare l'uomo dalla sua animalità!* Penso che siamo costretti a rivedere le vecchie categorie di pensiero e di azione, così da riuscire a riscoprire la via della nostra salvezza comune, che non passa attraverso quella delle Nazioni, ma dei singoli.[67]

«Io ho una profonda stima dell'uomo. I peccati, non mi hanno mai scandalizzato. Su tutto, prevale in me la meraviglia per la coscienza donata a ciascuno di noi. Quella coscienza che è il luogo della nostra libertà, e della possibilità di scegliere, alla fine, il bene.[68]»

L'intervistatore formula una domanda al card. Tonini in merito all'utilità della vecchiaia. Così risponde l'intervistato:

Sempre premettendo – sorride Tonini – che io non m'accorgo d'essere tanto vecchio, posso dire che questo mio tempo è il momento in cui più mi rendo conto della mia storia, e di quanto ho ricevuto. È il tempo in cui mi sembra di conoscere di più, di saper valutare, di essere più libero. È come se oggi, interiormente, avessi un saggio, che mi guida. È bello: la vecchiaia è un premio, in questa libertà. Come dicevano gli antichi greci, è un diventare ciò che siamo.[69]

---

[66] Cfr. wikipedia italiano (consultato il 11/2/2016).

[67] Intervista al card. Ersilio Tonini di Giuseppe Rusconi in occasione del 90.mo compleanno, pubblicata sul sito Rossoporpora (consultato il 23/02/2016).

[68] Cfr. il sito donboscoland.it (consultato il 23/02/2016)

[69] *idem*

Chi abbia qualche nozione del pensiero di C. G. Jung troverà sorprendenti analogie con quanto sopra dichiarato da Ersilio Tonini. Colpisce il suo riferimento all'animalità giacente nell'essere umano, sempre pronto a manifestarsi in modo devastante, colpisce il suo riferimento alla coscienza come luogo della libertà, e soprattutto collima perfettamente con Jung e al suo concetto di processo di individuazione il riferimento al diventare ciò che si è.

La genitura di Ersilio Tonini risente fortemente della triplice congiunzione Luna-Saturno-Plutone angolare al Discendente. L'aspetto esteriore era decisamente saturnino: una figura minuta, asciutta, con il volto grave e scavato, mentre ritengo che la componente Plutoniana sia ravvisabile nel suo ruolo di confessore che ha trascorso approssimativamente ventimila ore della sua vita ad ascoltare peccati: "i peccati non mi hanno mai scandalizzato" dichiarò. Nemmeno è da trascurare la triplice congiunzione Sole-Mercurio-Nettuno (Sole-Nettuno perfetta al grado), che ci parla del suo profondo afflato spirituale. Deceduto a 99 anni, un lunga vita impiegata al servizio di Dio e dell'essere umano.

Plutone e il crimine

Attingendo alla raccolta di André Barbault e di Reinhold Ebertin, tra i casi estremi di criminali segnaliamo Peter Kürten (Mülheim am Rhein, 26 maggio 1883 alle 3:30) il "vampiro di Düsseldorf". Un sadico, i cui numerosi delitti sono talmente atroci da non poter essere descritti per via dell'orrore che suscitano. Giustiziato a 48 anni d'età. Il caso di Kürten fu studiato dalla psicoanalista freudiana Marie Bonaparte nel suo *Deuil, nécrophilie et sadisme* (vedi oltre). Notiamo la congiunzione Saturno-Plutone all'Ascendente, il Sole congiunto a Plutone e Luna e Nettuno ugualmente angolari.

Fritz Haarmann (Hannover, 25 ottobre 1879 alle 18:00) il "macellaio di Hannover", condannato alla pena capitale per aver assassinato 24 ragazzi e averne divorato le carni. Sole e Mercurio in Scorpione in opposizione a Nettuno, Marte congiunto a Plutone in casa XII non lontani dall'Ascendente, Marte e Plutone in semi-quadratura a Saturno. Giustiziato a 45 anni d'età.

Henri Désiré Landru (Parigi, 12 aprile 1869 alle 6:00) soprannominato "Barbablù" viene ritenuto colpevole dell'assassinio di undici donne che aveva promesso di sposare e delle cui sostanze s'era impossessato. I cadaveri non furono mai rinvenuti e si presume che Landru avesse bruciato le sue vittime. Ghigliottinato all'età di 52 anni. Le vicende di Landru ispirarono il film *Monsieur Verdoux* (1947), scritto, diretto e interpretato da Charlie Chaplin. Plutone all'Ascendente, Marte in quadratura a Plutone. Un grumo di quattro pianeti attorno a Nettuno in casa XII.

Marcel Petiot (Auxerre, 17 gennaio 1897 alle 3:00). Medico, accusato di avere assassinato 27 persone e di averne arso i cadaveri. Ghigliottinato all'età di 49 anni. Sole in sesquiquadratura alla strettissima congiunzione Marte-Plutone.

L'astrologo tedesco Reinhold Ebertin[70] segnala inoltre il caso di Václav Mrázek (Svinařov, Repubblica Ceca, 22 ottobre 1925 alle 6:30) processato per avere stuprato, ucciso e sessualmente profanato i cadaveri di sette ragazze, oltre di altri 127 minori capi d'imputazione per reati vari. Impiccato all'età di 32 anni. In questo caso, Plutone in Cancro non è angolare, e forma la punta di un grande trigono in segni d'acqua, con Saturno e Urano. Riceve tuttavia molti aspetti, tra cui la quadratura di Marte in casa XII in zona Gauquelin all'Ascendente.

Orribile il caso del pedofilo assassino Marc Dutroux (Ixelles, Belgio, 6 novembre 1956 alle 7:35), noto come il "mostro di Charleroi". Rapisce, stupra tortura e uccide diverse bambine. Condannato all'ergastolo. Plutone congiunto al Medio Cielo, rinforzato dal Sole all'Ascendente in Scorpione, e la presenza di Mercurio e Nettuno nel medesimo segno.

Edward "Ed" Gein (North La Crosse, Wisconsin, 27 agosto 1906 alle 23:30). Assassino e necrofilo. Giudicato colpevole di due omicidi di donne, e di avere dissotterrato dal cimitero locale numerosi cadaveri che mutilava. Ritenuto incapace di intendere e di volere, fu internato in una struttura psichiatrica fino alla fine dei suoi giorni. La sua vicenda ha ispirato il film *Il silenzio degli innocenti*. Lo studio del suo tema natale evidenzia subito l'opposizione Luna-Plutone lungo l'asse Ascendente-Discendente, con Plutone che siede sull'Ascendente. Marte è angolare al Fondo Cielo in sestile a Plutone.

Donato Bilancia (Potenza, 10 luglio 1951 alle 2:30). Ha ucciso 17 persone nel giro di sei mesi, e per questo condannato in via

---

[70] Reinhold Ebertin, *Pluto Entsprechungen*, Ebertin Verlag, Aalen, 1965.

definitiva a 13 ergastoli. Ritenuto capace di intendere e di volere, uccideva per il gusto di uccidere. Plutone angolare al Fondo Cielo riceve numerosi aspetti: semisestile dal Sole, semiquadratura da Marte, trigono da Giove. Plutone si trova in sestile con l'Ascendente.

Troviamo il medesimo Plutone angolare al Fondo Cielo nell'oroscopo di Danilo Restivo (Erice, 3 aprile 1972 alle 11:15). «Nel giugno 2011 condannato all'ergastolo in Inghilterra per il delitto della vicina Heather Barnett (il 12 novembre 2002, la uccise a martellate e pugnalate), l'11 novembre 2011 condannato a 30 anni per il delitto di Elisa Claps, la studentessa nata a Potenza il 21 gennaio 1977 di cui non si ebbero notizie dal 12 settembre 1993 al 17 marzo 2010, quando il suo cadavere fu ritrovato per caso in un sottotetto della chiesa della Ss. Trinità di Potenza. La pena fu confermata anche in secondo grado, il 24 aprile 2013. È detenuto in Inghilterra.[71]» Il cadavere di Heather Barnett fu mutilato dei seni. Plutone al Fondo Cielo riceve molti aspetti: Luna, Venere, Marte, Saturno.

I criminali di guerra potrebbero costituire una sottocategoria nell'ambito della criminalità di stampo plutoniano, per due ragioni: in primo luogo perché in genere sono particolarmente disumani, e poi perché spesso fanno moltissime vittime. Dunque sono recidivi e in genere non mostrano alcun pentimento per le atrocità commesse. Vediamo ad esempio Klaus Barbie (Bad Godesberg, 25 ottobre 1913 alle 7:00), ufficiale delle SS facente parte della Gestapo, soprannominato il "boia di Lione". «Aveva sulla coscienza migliaia di vittime. Sotto le sue torture morì Jean Moulin, il mitico capo della Resistenza francese. Dietro suo ordine furono uccisi i seicento bambini ebrei, "rastrellati" dagli uomini del suo commando in un collegio di Issieu, e finiti, assieme a centinaia di comunisti, di resistenti, di ebrei lionesi, nei campi della morte hitleriani.[72]» «Durante il processo, rifiutò il confronto con i testi a suo carico e assunse un'aria di sfida. ... Dichiarò di non aver nulla di cui pentirsi, fiero di aver servito il III Reich.[73]»

---

[71] Giorgio Dell'Arti *Catalogo dei viventi 2015* (in preparazione). (consultato il 5/2/2016)

[72] Franco Fabiani, *È morto Klaus Barbie, il boia di Lione*, La Repubblica, 26/09/1991. (consultato l'8/2/2016).

[73] Wolfgang Saxon, New York Times, 26/9/1991. (consultato l'8/2/2016).

Barbie non era nato sotto una cattiva stella e non mostrava forti dissonanze; tra i suoi punti di forza osserviamo un trigono perfetto tra Sole-Scorpione e Plutone e un sestile perfetto tra Luna e Plutone. Una caratteristica comune ad altri criminali nazisti è l'intervento di un Nettuno dissonante poco distante dal Medio Cielo (Sole in quadratura a Nettuno).

Plutone satanico

Affrontando il tema del satanismo, il pensiero va subito a Charles Manson (Cincinnati, Ohio, 12 novembre 1934 alle 16:40). Da Wikipedia[74] ricavo: «Criminale americano capo di una specie di collettivo in California. Manson e i suoi seguaci si resero responsabili di nove omicidi in quattro luoghi diversi nello spazio di cinque settimane dell'estate 1969.» Tra le vittime c'era Sharon Tate, ventiseienne moglie incinta di otto mesi del regista Roman Polanski. Tema natale dissonante, caratterizzato dal Grande quadrato. Sole-Scorpione in trigono a Plutone al Fondo Cielo. Plutone riceve aspetti anche da Luna, Mercurio, Venere. Il segno dello Scorpione ospita 4 pianeti.

Sara Aldrete detta "La Madrina" (Matamoros, Messico, 6 settembre 1964 alle 16:20). Accusata di appartenere a una setta satanica che celebrava sacrifici umani e mutilazioni rituali. Condannata dalla giustizia messicana una prima volta a 6 anni di reclusione, e successivamente ad altri 30 che attualmente sta scontando. Il tema natale evidenzia una quadruplice congiunzione di Sole-Luna-Mercurio-Urano-Plutone in casa VIII. Il tutto assistito da Nettuno culminante al Medio Cielo.

Maarten Lamers (Amsterdam, 21 marzo 1947 alle 10:02). Fonda in Olanda la *Satanskerk* (Chiesa di Satana) ispirata alla *Church of Satan* americana (vedi sotto). Venere opposta a Plutone (quest'ultimo al Fondo Cielo) di Lamers rende conto della particolare dedizione degli adepti di questa setta alla sessualità rituale.[75]

Anton Szandor Lavey (Chicago, Illinois, 11 aprile 1930 alle 3:10). Fonda nel 1966 a San Francisco la *Church of Satan* di cui si

---

[74] Cfr Wikipedia inglese (consultato il 17/1/2016)
[75] Nelly van Doorn-Harder & Lourens Minnema (ed.) *Coping with evil in religion and culture*, Amsterdam, 2008, p. 130, 131.

proclama Gran Sacerdote. Scrive la *Bibbia satanica* (1969) che codifica la propria visione del satanismo. Sole in quadratura a Plutone, quest'ultimo riceve un trigono da Marte. Nettuno al Discendente e Giove al Fondo Cielo giocano la loro parte.

Jacques Coutela (Vincennes, 31 ottobre 1925 alle 7:15). Crea in Francia (insieme a Nicole l'Hotellier-Martin, detta Diane Lucifera) un movimento neopagano di tipo magico-religioso denominato *Wicca luciférienne*. Nel marzo 1995 Jacques Coutela impicca la figlia adottiva Dominique Desseaux, poi si suicida nello stesso modo. Dominique qualche giorno prima aveva sparato con un fucile da caccia a Diane Lucifera, uccidendola, e si era proclamata Gran sacerdotessa del culto, al posto di Diane. Sole, Mercurio, Saturno tutti in Scorpione in trigono a Plutone collocato in casa VIII. Marte in larga quadratura a Plutone, Giove opposto a Plutone. Ancora una volta Nettuno angolare, al Medio Cielo.

Diane Lucifera (Kremlin Bicetre, 3 luglio 1946 alle 7:10). Gran sacerdotessa del culto *Wicca luciférienne* di cui sopra. Assassinata dalla figlia adottiva. Plutone all'Ascendente.

Dettagli su tutta la vicenda che collega tra loro Jacques Cautela, Diane Lucifera e Dominique Desseaux si possono trovare sul sito internet EzoOccult (in francese).[76]

Partendo dal satanismo agito nella concreta realtà effettuale delle cose, dirigiamo ora l'attenzione al satanismo in campo letterario.

Marchese de Sade (Parigi, 2 giugno 1740 alle 17:00). L'opera di de Sade rientra nel concetto di satanismo inteso come «atteggiamento di sacrilega sfida e gusto di sentimenti perversi deliberatamente coltivati, in voga soprattutto presso scrittori romantici e decadenti.[77]» Nelle intenzioni di de Sade «nell'inversione di valori che è alla base del sadismo, il vizio rappresenta l'elemento positivo, attivo, la virtù l'elemento negativo, passivo: condizione del piacere sadico è l'esistenza della virtù come freno da rompere.[78]» Nell'oroscopo di questo soggetto perverso, Plutone è strettamente congiunto all'Ascendente in Scorpione e richiama, come un gioco di specchi, la casa VIII che ospita tre pianeti, tra cui il Sole.

---

[76] consultato il 17/1/2016.
[77] Cfr. la voce *Satanismo* a firma dell'anglista Mario Praz nell'enciclopedia Treccani. (consultata il 18/1/2016)
[78] *idem.*

71

Percy Bysshe Shelley (Horsham, 4 agosto 1792 alle 22:00). Sempre in conformità al pensiero critico del grande anglista Mario Praz, e attenendosi alla citata sua definizione di "satanismo", Shelley «s'indugiò su passioni e sentimenti che possono rientrare nel quadro del satanismo. L'atteggiamento di ribellione prometeica dello Shelley non lo raccosta però tanto al Byron, il cui satanismo è melodrammatico, quanto a William Blake.[79]» In ogni caso, è pacifico che il poeta fosse d'indole inquieta e ribelle, conducendo quella che al tempo apparve una vita anticonformista e scandalosa. Sole e Venere in opposizione a Plutone, Marte e Giove in trigono a Plutone. Saturno e Nettuno angolari.

Conte de Lautréamont, pseudonimo di Isidore Lucien Ducasse (Montevideo, 4 aprile 1846 alle 9:00). Il suo nome è legato a *I canti di Maldoror*. L'introduzione di Remy de Gourmont all'edizione parigina postuma del 1920 inizia così: «Era un giovane dotato di una originalità furiosa e inattesa, un genio malato e, francamente, anche genio folle.[80]» Ciò premesso, ascoltiamo la voce stessa dell'Autore e leggiamo ora un brano del suo libro:

Bisogna lasciarsi crescere le unghie per quindici giorni. Oh! Com'è dolce strappare brutalmente dal suo letto un bambino che ancora non ha niente sul labbro superiore e, con gli occhi bene aperti, fingere di passargli soavemente la mano sulla fronte, carezzandogli indietro i suoi bei capelli! Poi, all'improvviso, quando meno se lo aspetta, affondargli le unghie lunghe nel tenero petto, ma senza farlo morire; se morisse ci perderemmo, più tardi, lo spettacolo delle sue miserie. Poi si beve il suo sangue, leccando le ferite; e per tutto questo tempo, che dovrebbe durare un'eternità, il bambino piange. Niente è buono quanto il suo sangue, succhiato nel modo che ho detto, ancora bello caldo, per non parlare della bontà delle lacrime, amare come il sale.

Sole congiunto a Plutone, Luna in quadratura pressoché perfetta a Plutone, Mercurio congiunto a Plutone. Il tutto spalleggiato da Giove all'Ascendente e Nettuno culminante al Medio Cielo.

§§§

---

[79] *Ibidem.*
[80] Comte de Lautréamont, *Les chants de Maldoror*, Éditions de la Sirène, Paris, 1920, p. I.

Ovviamente, un Plutone angolare dissonante con il Sole e magari anche con Marte non è per nulla la segnatura di una predeterminata malvagità e criminalità.

Prendiamo il caso di Romano Guardini (Verona, 17 febbraio 1885 alle 1:30), sacerdote, filosofo, teologo. Figura cattolica di primo piano del XX secolo, autore prolifico (quasi 500 tra libri, articoli, saggi e conferenze[81]). Sia pure in ambito completamente differente da quello psicologico, elabora una teoria polare che richiama alla mente il pensiero polare di C. G. Jung. «La sua teoria degli opposti, che, come si è visto, venne definendosi già dal 1914, vuole essere sia metodo del conoscere, sia fondamento di una nuova metafisica. Il principio dell'opposizione polare è un "tentativo per una filosofia del vivente concreto" in cui, attraverso l'oscillazione fra polarità opposte, come unità-pluralità, singolarità-totalità, originalità-regola, immanenza-trascendenza ecc., si renda conto del dinamismo unitario che costituisce la natura dell'essere; ogni polo, infatti, pur opponendosi e distinguendosi dall'altro, ne è allo stesso tempo condizionato. Il destino dell'uomo si compie nella possibilità o di mantenere la vivente unità degli opposti o di distruggerla con la sua libera azione. Gli errori della civiltà moderna nascono dall'unilateralità, dal proposito di annullare un opposto nell'altro, snaturando il movimento polare con lo scambiare gli opposti con i contraddittori (*Widersprüche*): sono contraddittori il bene e il male, il bello e il brutto, il vero e il falso, e lo spirito tende non già a conciliarli in una sintesi impossibile, ma a negare il male, il falso ecc.; al contrario, la negazione di un opposto porta alla cristallizzazione del movimento e alla snaturalizzazione del concreto.» (*Dizionario biografico degli italiani*, voce a firma di Maria Virginia Geremia Borruso, sul sito internet dell'Enciclopedia Treccani, consultato il 30/12/2015).

La carta del cielo natale di Guardini evidenzia una strettissima congiunzione Sole-Marte in quadratura con Plutone angolare al Discendente. Ancora una volta risuonano veritiere le parole del grande grafologo italiano, Girolamo Moretti, secondo cui "il più gran santo avrebbe potuto essere il più grande delinquente umano,

---

[81] Cfr. il sito internet dell' Enciclopedia Treccani.

come il più grande delinquente avrebbe potuto essere il più gran santo.[82]"

Considerata sotto il profilo psicologico, la filosofia polare di Romano Guardini testimonia sia la scissione indicata dalla quadratura tra Sole-Marte e Plutone, quanto il riuscito tentativo di ricomposizione della frattura. Un caso tanto raro quanto interessante di risoluzione del conflitto interiore mediante una sintesi che non si limita a negare uno dei due poli privilegiando l'altro, ma li riunisce in un *tertium* armonico e creativo.

Di fronte al sacerdote Romano Guardini troviamo un altro tipo di sacerdozio, quello laico, incarnato da Elémire Zolla (Torino, 9 luglio 1926 alle 10:00). Esploratore delle conoscenze arcane, pensatore mistico e maestro di spiritualità. Intellettuale controcorrente, amato più dal grande pubblico che dalla critica e dai filosofi cattedratici. «Il discorso di Zolla è schiettamente religioso. Non casualmente fonda e dirige, dal 1969 al 1983 l'importante rivista "Conoscenza Religiosa", ma ha pure realizzato, nel 1963, la grande antologia *I mistici dell'Occidente*. Questo va tenuto saldamente presente in quanto spesso si pensa a Zolla come uno studioso delle cose orientali (il che peraltro è vero), ma si trascura la sua profonda e originale conoscenza e rilettura della tradizione giudaico-cristiana. Un discorso di tal genere, mentre viene stupidamente colorato nei primi anni '70 come reazionario, permette a Zolla di pubblicare nel 1971 un'altra opera controcorrente, *Che cos'è la tradizione...*[83]»

L'ultimo libro di Zolla, uscito postumo, s'intitola *Discesa all'Ade e resurrezione* «riflessione sulla morte e resurrezione di Gesù perché ivi è la chiave della spiegazione della vita, una spiegazione che deriva proprio assaporando il significato della morte ... la resurrezione, questo è il punto, è possibile solo dopo la discesa nell'Ade, dopo la morte, dopo il sacrificio. Gesù infatti promette ai suoi non la serenità, ma la guerra, la divisione delle famiglie: la pace si sarebbe avuta solo dopo il conflitto, la salute solo dopo il disastro, la salita solo dopo la discesa. Qui la rivelazione sapienziale: per l'anastasi è necessaria la catabasi, per la resurrezione la morte, per la gioia il dolore, per la luce la tenebra.[84]»

---

[82] Girolamo Moretti, *I grandi dalla scrittura*, Messaggero di Sant'Antonio, Padova, 2009, p. 10.

[83] Hervé A. Cavallera, *Elémire Zolla la luce delle idee*, Le lettere, Firenze, 2011, p. 71

[84] *Idem*, p. 93

Zolla nacque sotto una triplice congiunzione Sole-Luna-Plutone, in quadratura a Marte. Entrambe le personalità di Romano Guardini ed Elémire Zolla hanno espresso testimonianza vivente della forza di rinnovamento ed elevazione verso valori superiori, nel più alto senso di spiritualità religiosa.

Una simile direzione prese, con tutte le distinzioni del caso, la vita di Tommaso Palamidessi (Pisa, 16 febbraio 1915 alle 9:45). Esoterista a vasto raggio, ermetista, astrologo, scrittore con variegati interessi tra cui spiccano lo yoga tantrico, l'alchimia, l'egittologia, la medicina omeopatica, il cristianesimo antico.

Alla nascita, il Sole e Giove lanciano un trigono a Plutone, mentre Venere gli sta in opposizione, a riprova delle sue indagini spesso mirate all'utilizzazione della potenza legata alla sessualità.

Plutone e le stelle...dello spettacolo

Marlon Brando (Omaha, Nebraska, 3 aprile 1924 alle 23:00). Uno degli attori più famosi del XX secolo. Genitura complessa che non può essere spiegata esclusivamente nell'esplorazione del ruolo che Plutone ha giocato nelle vicende di vita dell'attore. In ogni caso, è impossibile ignorare che Sole e Luna sono strettamente congiunti in Ariete formando una quadratura con Plutone, e che Marte si oppone a Plutone. Una vita tormentata e segnata dal dramma di due suoi figli: Christian che uccide il marito della sorellastra Cheyenne, la quale morirà suicida. «Divo tra i più sensibili e ricchi di talento del cinema hollywoodiano, interprete carismatico, coraggioso e imprevedibile nella scelta dei ruoli, ha prestato la sua nevrotica bellezza virile a personaggi complessi, ambigui e combattuti. ... pessima fama di star costosa, capricciosa e inaffidabile. ... impose all'industria del cinema la sua impareggiabile bellezza da sex symbol, ma anche la sua tecnica raffinata e virtuosistica, il suo stile introspettivo, brusco e inconfondibile, imitato per anni dai colleghi. Divenne definitivamente un'icona del divismo cinematografico.[85]»

Jean-Paul Belmondo (Neuilly sur Seine, 9 aprile 1933 alle 9:00). Adolescenza turbolenza e tentativo di dedicarsi al pugilato. «Uno dei simboli del cinema d'oltralpe degli anni Sessanta, scoperto e amato dalla Nouvelle vague, B. (detto Bébel) ha privilegiato i ruoli del

---

[85] Luigi Guarnieri, Enciclopedia del cinema. (consultata il 1/1/2016)

malvivente o del poliziotto simpatico e scanzonato, che affronta la vita nei modi più spericolati affidandosi quasi esclusivamente alla dinamicità del suo corpo, asciutto ed energico, e a una recitazione fortemente mimica. ... grazie a un duro allenamento, l'attore ha anche sviluppato un fisico che gli ha permesso di rilanciare e promuovere la sua immagine pubblicitaria.[86]» «Belmondo si dedica alle pellicole poliziesche, dove si fa notare per la sua partecipazione a scene pericolose senza ricorrere a controfigure. ... Carismatico e brillante, incisivo, divertente e un po' guascone, Belmondo sarà ricordato come il duro dal cuore tenero protagonista di molti film in cui ha messo in mostra il suo fisico aitante (spesso è stato definito come *"il brutto più affascinante del grande schermo"*) ma anche le sue doti drammatiche.[87]» Uno scavezzacollo e una simpatica canaglia, sempre pronto a mettersi in gioco e vivere la vita ad alta tensione. Risente, a mio avviso, più delle caratteristiche appartenenti al segno dell'Ariete, amplificate dalla congiunzione Sole-Urano, che della quadratura Sole-Plutone.

Philippe Leroy-Beaulieu (Parigi, 15 ottobre 1930, sconosciuta l'ora). Sebbene manchi l'ora di nascita, nella genitura di questo attore (conta al suo attivo ben 189 film, tra cui la parte di Yanez nel popolarissimo sceneggiato televisivo *Sandokan* del 1976) salta subito agli occhi la quadruplice congiunzione Luna-Marte-Giove-Plutone in Cancro, con il Sole che si trova in quadratura con la congiunzione Marte-Plutone. Un uomo che ha fatto della sua vita un romanzo di avventure, raccolte nella sua autobiografia *Profumi*, uscita nel 2012 presso Campanotto editore. «Mozzo, lavapiatti, benzinaio, allevatore di bestiame, manovale all'aeroporto di Tahiti, volontario in Indocina e tenente in Algeria con le mostrine dell'Esercito francese, disboscatore di giungla in Costa Rica, mangiafuoco nelle carovane circensi, allevatore di tartarughe, fumatore occasionale di oppio ad Hanoi, viaggiatore di confine tra Malesia, Singapore, Colombia e Venezuela, autostoppista in America.[88]» E anche paracadutista, che festeggia il suo 82.mo compleanno con un lancio. Due medaglie della Legion d'Onore francese guadagnate in combattimento. Ha bevuto fino in fondo il nettare della vita.

---

[86] Paolo Marocco, Enciclopedia del cinema. (consultata il 1/1/2016)
[87] Biografie online (consultata il 1/1/2016)
[88] Malcom Pagani e Fabrizio Corallo per *Il fatto quotidiano*. (consultato il 1/1/2016)

Dirk Bogarde (Twickenham, Regno Unito, 28 marzo 1921 alle 8:30). Attore di straordinaria bravura e scrittore di successo. Carattere difficile, definito talvolta malvagio; sembra, a detta di Gareth (il fratello minore) che non potesse perdonargli di essere nato. Quindi, rapporto di amore-odio con lo stesso Gareth. Arruolato nei servizi di intelligence britannici durante la II guerra mondiale. Secondo la biografia di John Coldstream, autorizzata dalla famiglia, l'attore avrebbe mentito riguardo la sua presenza nel campo di concentramento di Bergen-Belsen, all'atto della liberazione, e relativa descrizione letterariamente toccante della condizione degli internati.[89] Bogarde era favorevole all'eutanasia e dichiarò in un'intervista (vedi la voce "Bogarde" su Wikepedia versione americana) di essere rimasto sconvolto alla vista dei soldati gravemente feriti uccisi con un colpo di grazia dai commilitoni o perché impossibilitati a prendersi cura di loro, oppure perché a ciò richiesti dai feriti stessi. Memorabile la sua interpretazione nella parte di Gustav von Aschenbach nel film *Morte a Venezia* del regista plutoniano Lucino Visconti (Scorpione con Plutone all'Ascendente). Interpreta la decadenza di un vecchio professore di musica ossessionato da un ragazzo bellissimo in una Venezia del 1911, città pressoché morente, devastata da un'epidemia di colera. Film tratto dal romanzo di Thomas Mann, anch'egli plutoniano, con Luna in sestile a Plutone al Medio Cielo, in congiunzione a Venere. L'attore ha lavorato anche con la regista fortemente plutoniana Liliana Cavani interpretando un criminale nazista nel film *Portiere di notte*.

Il tema natale di Dirk Bogarde espone il Sole in quadratura a Plutone, Mercurio in trigono a Plutone, Venere, Marte e Giove in sestile a Plutone; il tutto assistito da Nettuno al Fondo Cielo.

Francesco Nuti (Firenze, 17 maggio 1955 alle 11:50). Attore, sceneggiatore, registra cinematografico. Recita in parecchi film di successo, poi si dedica alla regia. Nel 2003 le cronache dei giornali riportano minacce di suicidio, storie di alcolismo e di depressione. Nel 2006 subisce un infortunio domestico che lo relega su una sedia a rotelle; si riprende lentamente e attualmente sembra definitivamente uscito dal tunnel. Nel corso di un'intervista del gennaio 2015 si dichiara guarito e, richiesto se si considera un esempio di recupero attraverso il dolore, dichiara: «Ci sono tante persone più sfortunate di me e non so se riesco a dare un esempio, in

---

[89] The Telegraph (consultato il 6/1/2015)

fondo non m'interessa, vivo la vita di tutti i giorni e mi pare bellissima.[90]» Sembrerebbe un esempio riuscito di trasformazione conseguente a una discesa agli inferi, come solo Plutone può elargire. Un cielo natale particolarmente complesso, in cui prevale la quadratura angolare Sole-Plutone, con quest'ultimo che si trova sull'Ascendente. Recentissime notizie di cronaca raccontano di Nuti "maltrattato, umiliato e picchiato dal suo badante" per oltre un anno.[91]

Jack Nicholson (Neptune, New Jersey, 22 aprile 1937 alle 11:00). Attore di grandi capacità ed estremamente versatile, istrione nato, donnaiolo impenitente. «Sarà colpa degli ultimi film che ha girato, imperniati tutti sul tema della morte, ma Jack Nicholson, uno dei più incorreggibili playboy di Hollywood, ha paura di morire solo. Nel crepuscolo della sua vecchiaia l'attore, che anni fa si vantò di essere andato a letto con oltre duemila donne, ha ammesso che "aspira" ardentemente a dividere la sua vita con "qualcuna", ma che allo stesso tempo si rende conto che le sue chance non sono realistiche. Negli ultimi anni Nicholson ha girato film nel cui soggetto figurano prominentemente i temi della morte e della solitudine sia pure affrontati con piglio leggero.[92]»

Iniziando dal Sole e finendo con Saturno, tutti gli astri sono in aspetto con Plutone, che è per di più strettamente congiunto all'Ascendente. Giove in opposizione a Plutone lungo l'asse Ascendente-Discendente segnala il grande successo dell'attore.

Leonardo DiCaprio (Los Angeles, California, 11 novembre 1974 alle 2:47). Attore dotato di un forte magnetismo, molto impegnato nella difesa dell'ambiente. Particolarmente geloso della sua privacy. Apparentemente soffre di disturbo ossessivo-compulsivo, secondo quanto riportato in un articolo di giornale, risalente però al dicembre 2004.[93] Recenti cronache rosa dipingono DiCaprio come un insaziabile dongiovanni. Luna congiunta a Plutone, che sta all'Ascendente. Sole congiunto a Marte in Scorpione.

Brad Pitt (Shawnee, Oklahoma, 18 dicembre 1963 alle 6:31). Nominato per due volte "l'uomo più sexy del mondo" dalla rivista

---

[90] Intervista di Angela Calvini apparsa sul quotidiano L'Avvenire del 28/1/2015 col titolo Nuti: la vita è una cosa meravigliosa.

[91] La Repubblica, edizione di Firenze (consultato il 31/1/2016)

[92] La Stampa 13.1.2015 (consultato il 18/1/2016)

[93] John Hiscock, Leonardo DiCaprio's magnificent obsessive, The Telegraph, 4/12/2004. (consultato il 18/1/2016)

People. Secondo voci maliziose, l'attore sarebbe carente nell'igiene personale ed emanerebbe uno sgradevole olezzo. Plutone non lontano dal Medio Cielo riceve aspetti di trigono da Luna, Mercurio, Venere e Marte.

Charles Bronson (Croyle, Pennsylvania, 3 novembre 1921 alle 11:00), attore specializzato nei ruoli di duro. Una vita di stenti in una famiglia numerosa di genitori emigranti lituani. Si adatta a qualsiasi lavoro, a 16 anni è in miniera a scavare carbone a $ 1,00 per ogni tonnellata che riusciva a portare in superficie. Riscuote successo in Europa, ma diventa una star in America solo dopo l'enorme successo riscosso al botteghino da *Il giustiziere della notte*, in cui incarna l'archetipo dell'eroe solitario che combatte il male facendo giustizia da sé. In realtà era un uomo tranquillo che aveva un talento naturale per la pittura. Il Sole-Scorpione lancia un trigono pressoché perfetto a Plutone che sta per tramontare, poco distante dal Discendente.

È impossibile sintetizzare in poche parole la complessa figura di Pier Paolo Pasolini (Bologna, 5 marzo 1922 alle 6:30). Pertanto mi limito a riportare un brano poetico dello stesso Pasolini, nonché alcuni pensieri di vari intellettuali riguardo l'idea che questo formidabile intellettuale nutriva rispetto alla morte.

«...E io ritardatario sulla morte, in anticipo sulla vita vera, bevo l'incubo della luce come un vino smagliante.[94]» (Pasolini). «Il 31 ottobre 2000, ai microfoni di Radio Radicale, Giuseppe Zigaina rievoca le circostanze della scomparsa di Pasolini. Dal confronto con la simbologia presente in gran parte delle sue opere egli ha dedotto che Pasolini ha "progettato per quindici anni la sua morte".[95]» (Giuseppe Zigaina, pittore, era coetaneo di Pasolini, e suo amico e collaboratore). «La sua fine è stata al tempo stesso simile alla sua opera e dissimile da lui. Simile perché egli ne aveva già descritto, nella sua opera, le modalità squallide e atroci, dissimile perché egli non era uno dei suoi personaggi, bensì una figura centrale della nostra cultura, un poeta che aveva segnato un'epoca, un regista geniale, un saggista inesauribile.[96]» (Alberto Moravia) «Secondo me c'è una forte affinità fra la fine di Pasolini e la fine di Caravaggio, perché in tutt'e due mi sembra che questa fine sia stata inventata, sceneggiata, diretta e interpretata da loro stessi.[97]» (Federico Zeri).

---

[94] Wikipedia italiano (consultato il 6/2/2016)
[95] *idem*
[96] *idem*
[97] *idem*

«Una figura lo aveva sempre ossessionato: Cristo deriso, sputato, colpito, lapidato, inchiodato, ucciso sulla croce. Facendo film, scrivendo e vivendo, egli cercava soltanto di venire lapidato ed ucciso, come la pietra dello scandalo, la pietra d'inciampo, che viene respinta dalla società umana. Ma Cristo morì per salvare gli uomini. Lui sapeva di non potere salvare nessuno, tanto meno se stesso. Voleva soltanto conoscere la morte atroce, immotivata, vergognosa – la vera morte, non quella lenta e pacifica che noi sopportiamo nei nostri letti educati : la morte che aveva sempre reso terribile la sua dolcezza.[98]» (Pietro Citati).

La complessa genitura di Pasolini poggia essenzialmente sul concorso della triplice congiunzione Sole-Venere-Urano in Casa I (Urano è all'Ascendente) in rapporto a Plutone, in trigono al Sole. La doppia segnatura del segno dei Pesci aggiunge complessità, sensibilità e morbosità a un'anima inquieta.

Grace Kelly (Philadelphia, Pennsylvania, 12 novembre 1929 alle 5:31). Attrice, in seguito principessa consorte del Principato di Monaco. «Bionda, dai lineamenti ricchi di dolcezza e raffinati, elegante, distaccata, d'inarrivabile bellezza, è passata alla storia del cinema per i tre film in cui la diresse Alfred Hitchcock, ove incarna alla perfezione il tipo di donna vagheggiato dal grande regista, algida in apparenza, ma segretamente sensuale, con un tocco di spregiudicata intraprendenza. Nel 1955 si aggiudicò il premio Oscar come migliore attrice per The country girl (1954; La ragazza di campagna) di George Seaton, poi lasciò il cinema per sposare il principe Ranieri di Monaco.[99]»

Una genitura veramente formidabile, con la congiunzione Sole-Marte in Scorpione (in casa I) che forma un Grande Trigono nei segni d'Acqua, insieme alla Luna-Pesci e Plutone-Cancro, che ne costituisce il vertice. Venere-Bilancia era appena sorta all'Oriente e stava all'Ascendente. Si è letto molto e ancor di più ipotizzato sulla vita privata di Grace Kelly dopo il suo matrimonio monegasco, quindi ho voluto verificare le posizioni planetarie del 18/4/1956, giorno in cui disse sì al principe Ranieri. Plutone in Leone lanciava una quadratura al Marte radix di Grace, Nettuno in Bilancia si sovrapponeva alla Venere radix, e Urano dal Cancro lanciava una

[98] Wikiquote italiano (consultato il 6/2/2016).
[99] Francesco Costa, *Kelly, Grace*, Enciclopedia del Cinema (consultato il 6/2/2016).

quadratura alla medesima Venere radix, Giove stazionario in Leone ci metteva del suo, lanciando una quadratura al Sole radix. Non ho voluto investigare le voci dei dissapori con il principe consorte, né le depressioni per non poter più recitare, e neppure se si fosse data all'alcol. Fatto sta che, astrologicamente parlando, il matrimonio non fu celebrato sotto una buona stella.

Ennio Morricone (Roma, 10 novembre 1928 alle 22:25). Compositore, direttore d'orchestra. Le sue colonne sonore per film sono leggendarie. Ha vinto numerosi premi. Un uomo metodico, completamente dedito al lavoro e alla famiglia, dotato di energie fisiche (si alza tutti i giorni alle 4 del mattino) e creative pressoché inesauribili. Il 29 febbraio 2016 vince il premio Oscar per la colonna sonora del film *The hateful eight* di Quentin Tarantino.

Il tema natale espone un precisissimo trigono tra Sole-Scorpione e Plutone-Cancro. Marte è congiunto a Plutone.

Dopo avere delineato il ritratto di Ennio Morricone, è impossibile trascurare Sergio Leone, tanto essi sono collegati l'uno all'altro. Sergio Leone (Roma, 3 gennaio 1929 alle 00:30), regista, sceneggiatore e produttore. Figlio d'arte: il padre era regista del cinema muto e la madre un'attrice. Nel 1964 con *Per un pugno di dollari* inventò il genere dei cosiddetti *spaghetti western* che diede grande notorietà a Clint Eastwood, al tempo uno dei tanti attori che popolavano la scena delle serie televisive americane. Segue ora qualche testimonianza sul grande regista, da parte di chi lo conobbe di persona. Christopher Frayling (curatore di una mostra su Leone a Torino nel 2014, e autore dell'unica vera biografia dello scomparso): «L'appuntamento era al bar – racconta Christopher Frayling – e lui, pochi istanti dopo avermi salutato fece un gesto che non dimenticherò mai. Con una mano svuotò l'intero contenuto della ciotola di noccioline sul bancone e cominciò a mangiarle. Sergio Leone aveva l'aspetto di un Falstaff e come Falstaff era un uomo di grandi appetiti, con un sense of humour puntuto. In più aveva un rapporto molto sensuale, quasi erotico con il cinema. Una passione totalizzante, non solo intellettuale: coinvolgeva la vista, l'udito, un po' tutti i sensi.[100]»

Ennio Morricone ricorda: «Sergio Leone era dispettoso, spesso anche velenoso con i suoi colleghi. Nacque tutto con *Per un pugno*

---

[100] Piero Negri, *"C'era una volta in Italia" la passione per il West*, La Stampa, 20/10/2014. (consultato il 6/2/2016)

di dollari: voleva mettere nella scena finale, il duello tra Volonté e Eastwood, il popolare *Deguello* tratto dal film di Howard Hawks *Un dollaro d'onore*, con le musiche di Tiomkin. Gli dissi che non avrei più fatto il film: non si può togliere a un compositore la soddisfazione di fare una scena importante. Lui allora mi chiese una cosa simile al *Deguello*, cosa che mi guardai bene dal fare. Ripresi invece, a sua insaputa, una ninna nanna che avevo scritto qualche anno prima per i *Drammi Marini* di Eugene O'Neill per la tv. La feci sentire a Sergio facendogli credere che l'avevo scritta per l'occasione. Fu entusiasta.[101]»

Carlo Verdone dichiara: «Era esigente e terribile. M'ha pure menato... Sul set di *Un sacco bello*, la scena della telefonata, quando io telefono a mia madre a Ladispoli, e nella stanza accanto c'è la ragazza spagnola, Marisol, che fa all'amore col suo ragazzo. Lui voleva che facessi quella scena sudato e ansimante, e mi ordinò: fatti due giri del palazzo di corsa, e poi giriamo. Io pensai, mica sono matto: mi feci spruzzare di sudore finto, simulai il fiatone, e cominciammo a girare. Lui se ne accorse, diede lo stop (e non gli spettava, ero io il regista), mi si avvicinò, mi diede un ceffone terrificante e poi disse: "A stronzo, vatte a fa' er giro der palazzo, poi giriamo"... La sera prima di iniziare *Un sacco bello* io non riuscivo a dormire, avevo una paura fottuta. Stavo in camera mia e verso le 11 viene mia madre e mi fa: "C'è Leone per te". Entra e mi dice: "Mettete i calzoni e la majetta, famose du' passi: tanto tu stasera non dormi". Passeggiammo un paio d'ore fra Ponte Sisto e l'Isola Tiberina, e mi diede un sacco di consigli. La mattina dopo mi venne a prendere lui in auto, mi portò alla *Dear* e il primo giorno mi fece da aiuto. E quale aiuto![102]»

L'oroscopo di nascita di Sergio Leone ci mostra il Sole in opposizione a Plutone (lungo l'asse Fondo Cielo-Medio Cielo), la Luna in quadratura a Plutone, Mercurio in opposizione a Plutone, quest'ultimo incollato al Medio Cielo.

Carlo Verdone (Roma, 17 novembre 1950 alle 10:20). Attore, regista, doppiatore, sceneggiatore cinematografico. Figlio di Mario Verdone, storico del cinema e professore universitario. «Dall'ultimo decennio del Ventesimo Secolo ad oggi nella sua opera ai toni della

---

[101] Giorgio Dell'Arti, *Catalogo dei viventi 2015* (in preparazione) (consultato il 6/2/2016).
[102] Giorgio Dell'Arti, *Catalogo dei viventi 2015* (in preparazione) (consultato il 6/2/2016)

commedia si è affiancato un registro meno comico, con un certo retrogusto amaro nella stesura delle storie e più attento ai temi della modernità, del cinismo e degli eccessi della società e del disagio dell'individuo di fronte ad essa. E la goffaggine e inadeguatezza della maschera comica ha fatto posto alle nevrosi e all'ipocondria, reazioni quasi somatiche alle pressioni di un mondo frenetico. Verdone mantiene comunque un rapporto, per così dire, privilegiato con i canoni della commedia all'italiana presenti nella tradizione, dai grandi della comicità fino ad arrivare ai dettami di un cinema che nelle intenzioni vorrebbe sembrare più impegnato.[103]» Gira voce che sia ipocondriaco, ma l'interessato smentisce categoricamente, pur dichiarando di essere molto ferrato in medicina, al punto da ricevere una targa di apprezzamento dall'Università Federico II nel 2007.[104] «Ogni giorno ricevo quattro, cinque tra telefonate e mail di persone che mi chiedono consiglio. Io presto la mia assistenza, indico i medici più capaci. E se necessario tampono le emergenze con l'antibiotico giusto.[105]»

A prima vista, l'oroscopo di Verdone, espone non solo una quadratura Sole-Plutone (particolarmente significativa per un soggetto nato sotto lo Scorpione), a cui si aggiunge anche la presenza di Plutone in casa VIII, amplificata dall'opposizione con Giove. Plutone, pur avendo ha liberato la sua creatività, ha prodotto qualche effetto collaterale indesiderato, come ansietà e insicurezza, che si manifestano anche nel suo tabagismo. Secondo lo stesso Verdone «L'ansia può trasformarsi in adrenalina, la noia sempre noia rimane. Quasi mi dispiace di non essere più nevrotico come una volta: sono guarito sul set di *Maledetto il giorno che ti ho incontrato*. Mi sono costruito un personaggio così somigliante a me, che mi sono messo a nudo con tutti i miei difetti. Il set ha funzionato come il lettino dello psicanalista.[106]»

Franco Nero (Parma, 23 novembre 1941 alle 22:30), attore di fama internazionale, fisico atletico, sportivo, occhi azzurri, affascinante, carismatico.

«Nel panorama cinematografico italiano Franco Nero è uno degli interpreti più originali, anzi oseremo dire surreali. Aggettivo che prendiamo in prestito alla luce di uno dei registi che l'ha diretto nella

---

[103] Cfr. Wikipedia italiano (consultato il 6/2/2016).
[104] *Verdone antidepressivo senza effetti collaterali.* (consultato il 6/2/2016).
[105] Giorgio dell'Arti, Catalogo dei viventi 2015 (in preparazione).
[106] *idem*

sua lunga e fortunata carriera: Luis Buñuel. Attore dalla professionalità eccellente, è stato anche un impagabile protagonista dello spaghetti western italiano – chi non ha seguito le avventure di Django sul grande schermo? – quindi libero da schemi e da pregiudizi, ha appassionato grandi e piccoli con i suoi intensi occhi blu, attraversando il cinema nel più ampio dei modi, dai grandi autori alle pellicole di serie B, ma sempre con estrema competenza.[107]»

«Uno dei pochi divi italiani da esportazione, ha lavorato con grandi registi come John Huston, Joshua Logan, Luis Buñuel, Claude Chabrol, Sergei Bondarciuk, Rainer Werner Fassbinder. Durante le riprese dell'hollywoodiano *Camelot* ha conosciuto Vanessa Redgrave, "la donna della mia vita", dalla quale ha avuto il figlio Carlo.[108]» (Roberto Rombi).

«Senza offesa ma l'Italia mi sta stretta. L'Italietta, Italiotta, Italiuccia. Io sto fuori, ho sposato un'attrice inglese, Vanessa Redgrave, recito in lingua inglese e senza superbia, ma ho una popolarità impressionante in mezzo mondo. Del resto il film che citavo prima, "Confessioni di un commissario di polizia al procuratore della Repubblica", credo sia la pellicola italiana che ha avuto più fortuna fuori dai nostri confini. La più venduta all'estero.[109]»

«A Parma mi allenavo con i guantoni. Poi sono stato capitano della squadra di calcio dei pugili per sette anni.[110]»

Il cielo natale di Franco Nero indica una formidabile presenza plutoniana: Sole in trigono a Plutone, Luna in opposizione a Plutone, Marte-Ariete in trigono a Plutone, Plutone incollato all'Ascendente.

Sergio Rubini (Grumo Appula, 21 dicembre 1959 alle 8:00). Attore, regista, sceneggiatore. «Un vero e proprio schiavo del cinema, passato da attore a sceneggiatore, fino a regista, con un successo che, se non fosse stato glorificato dalla critica, sarebbe stato autocelebrato. Straordinario interprete, icona del cinema italiano, irrinunciabile e significativo in ogni pellicola in cui ha preso parte – che siano essi capolavori o meno – fu scoperto da Federico Fellini

---

[107] Cfr. sito internet Mymovies (consultato il 6/2/2016).
[108] Giorgio Dell'Arti, *Catalogo dei viventi 2015* (in preparazione) (consultato il 6/2/2016).
[109] Intervista di Stefano Zurlo, *Il Giornale*, 21/8/2013.
[110] David Allegri, *Franco Nero: "A 70 anni ho deciso di dare scandalo"* Grazia.it (consultato il 6/2/2016)

che, senza alcun dubbio, ci aveva visto bene guardando a questo ragazzo pugliese.[111]» «Tutto sta nei capelli. Il fatto che non mi sono mai pettinato genera una serie di equivoci. Io scomposto, caotico, scapigliato, zingaro, casinista del sud. E invece poi sono uno regolare, molto meno meridionale di come sono visto. A vent'anni sono scappato a vivere in Norvegia, dove regnano l'ordine e il rigore, e dove c'è la biondezza, un mistero lontano dal mio che però mi attraeva. Ecco, questa tensione verso un'altra natura, un altro mondo, è il conflitto che vivo. Il cinema m'ha dato una grande opportunità: quella di conoscere, e conoscermi. Nei miei film parlo quasi sempre di me, ma con mistificazioni. Nel senso che mi viene da raccontare ciò che avrei voluto che fosse successo, incontri come non sono mai avvenuti. I film più "miei" sono anche menzogneri, tipo *L'amore ritorna*, o *Tutto l'amore che c'è*. Non metto in giro messaggi nella bottiglia: quando scrivo una storia, sento la responsabilità di regole narrative precise. Ciò non esclude che la scrittura abbia una dimensione intima e struggente. E se dirigere un film è continuare a scrivere, interpretarlo è un fatto di irrazionalità.[112]»

Un cielo natale alquanto problematico, quello di Sergio Rubini. Notiamo la forte presenza di Plutone e in subordine una sfumatura di Urano; Saturno-Capricorno esattamente incollato sull'Ascendente lo contraddistingue nel volto scarno, scavato, quasi sofferto. Sole in trigono a Plutone, Luna esattamente congiunta a Plutone, Mercurio in quadratura a Plutone, Marte in quadratura a Plutone, Saturno in trigono a Plutone.

Tito Gobbi (Bassano del Grappa, 24 ottobre 1913 alle 4:30). Cantante lirico dalla straordinaria voce baritonale, particolarmente adatta a interpretare le opere di Verdi. Una lunga carriera costellata di successi, grazie anche all'approfondito studio psicologico dei personaggi che portava in scena.

«Interprete colto e raffinato, dotato di sensibilità e musicalità rarissime, seppe utilizzare la sua voce, peraltro non ampia, con grande intelligenza, tanto da essere in breve tempo considerato uno dei più grandi baritoni della sua generazione. Come sottolinea G. Lauri Volpi, il G. "stava per seguire le orme di Titta Ruffo e Gino

---

[111] Fabio Secchi Frau, *Sergio Rubini* in Mymovies.it (consultato il 6/2/2016).
[112] Giorgio Dell'Arti, *Catalogo dei viventi 2015* (in preparazione) (consultato il 6/2/2016).

Bechi e divenire pedissequo imitatore dei predecessori", ma presto "ha trovato se stesso, la sua personalità, la sua tecnica che da un'esigua voce ha tratto impensate sonorità e risoluzioni temerarie, ma conquistatrici dell'applauso e della popolarità" (Lauri Volpi, 1955, p. 180). Come giustamente osserva L. Arruga, il G. è "artista nato nell'ambito d'una civiltà dove l'opera [...] era popolarmente un fatto di costume, attore cinematografico, portatore d'una mentalità ancora legata al teatro artigianale glorioso dove l'attore va cercando nei dettagli (fino al trucco) i segreti dei personaggi da interpretare" (Arruga, p. 238). Grande interprete di ruoli verdiani, in cui riversò tutti i doni della sua sensibilità drammatica, fu altrettanto efficace in personaggi ove poteva dar libero sfogo alla sua esuberanza di carattere comico; a tale riguardo resta esemplare il suo Figaro, quanto ammirevoli furono i prediletti ruoli di Gianni Schicchi o di Falstaff, sostenuti peraltro anche da studiate ed efficaci truccature. Non meno geniale e appropriata la sua interpretazione di personaggi dell'opera verista, tra cui va ricordato il suo Scarpia, inimitabile modello per gli interpreti della generazione successiva e, secondo Celletti, la più riuscita "incarnazione della perfidia baritonale".[113] » «G. mirava sempre all'identificazione psicologica col personaggio e a una "verità" teatrale.[114]» «la unicità di Gobbi era nella sua forza interpretativa, nella sua adesione totale al personaggio, alla sua psicologia ed alla situazione drammatica, al perfetto trucco scenico.[115]»

Il cielo natale di Tito Gobbi era caratterizzato da una formidabile accoppiata costituita dagli armonici valori Scorpione-Plutone, nonché dalla presenza di Venere-Bilancia collocata all'Ascendente. Sole-Scorpione in perfetto trigono a Plutone altissimo al Medio Cielo.

Michel Coluche (Parigi, 28 ottobre 1944 alle 18:20), cabarettista, comico, attore. Personaggio sboccato, provocatorio e irriverente che ebbe un grandissimo successo di pubblico in Francia, tanto da convincersi a candidarsi alle elezioni presidenziali del 1981. Il settimanale satirico *Charlie Hebdo* pubblicò il suo manifesto

---

[113] Raoul Meloncelli, *Gobbi, Tito*, Dizionario biografico degli italiani, vol. 57 (2001). (consultato il 7/2/2016).

[114] Lorenzo Tozzi, *Gobbi, Tito*, Enciclopedia Italiana, V appendice (1992). (consultato il 7/2/2016)

[115] Lorenzo Tozzi, *Tito Gobbi. La vita, le opere, il mito*. Il Tempo.it 30/10/2013 (consultato il 7/2/2016).

elettorale che recitava: «Mi appello agli sfaccendati, agli zozzoni, ai drogati, agli alcolizzati, ai froci, alle donne, ai parassiti, ai giovani, ai vecchi, agli artisti, agli avanzi di galera, alle lesbiche, ai garzoni, ai neri, ai pedoni, agli arabi, ai francesi, ai capelluti, ai buffoni, ai travestiti, ai vecchi comunisti, agli astensionisti convinti, a tutti quelli che non credono più nei politici, affinché votino per me, si iscrivano presso il loro municipio e propagandino la novità. TUTTI INSIEME PER FOTTERLI IN CULO CON COLUCHE, il solo candidato che non ha motivo di mentire.[116]» I sondaggi lo videro balzare subito al 16%. Si interessarono a lui i servizi segreti, fu pedinato e subì pressioni e minacce. Si ritirò, lanciando la sua invettiva: «Non sono più candidato. Volevo dare una rimescolata alla merda della politica, ma ora non sopporto più l'odore. Ho voluto divertire me stesso e gli altri in un periodo di così grande tristezza e gravità. La gente sarà delusa. E anch'io lo sono. Mi fermo perché non posso andare oltre. Signori politici di mestiere, ho messo il naso nel vostro buco di culo, non ho più interesse a lasciarvelo lì. Divertitevi senza di me.[117]». Secondo l'autore televisivo ed esperto di telecomunicazioni Carlo Freccero (dal 4/8/2015 consigliere di amministrazione della RAI, proposto dal Movimento 5 Stelle), Beppe Grillo fu segnato dall'incontro avvenuto con Coluche sul set di *Scemo di guerra* di Dino Risi (1985), in cui entrambi avevano una parte. André Barbault ha commentato estesamente il cielo natale di Coluche, da cui traggo: «Coluche, il trionfo dell'umorismo scatologico del complesso anale, l'estremismo del turpiloquio delle scuole materne. Questo tipo istintivo … da qualche anno è diventato il pagliaccio nazionale, quello che osa dire di tutto, e oltre, con una radicale impertinenza, pericolosa, e una scurrilità devastante, quello che adora provocare l'imbarazzo, il disgusto, lo scandalo.[118]» Muore all'età di 41 anni a seguito di un incidente stradale.

Il comico alla nascita era segnato da una triplice congiunzione Sole-Mercurio-Marte in Scorpione, in quadratura a Plutone. Luna in sesquiquadratura a Plutone. La congiunzione Mercurio-Marte è perfetta, e sta in perfetta quadratura a Plutone.

Commentando la genitura di Beppe Grillo, ho segnalato l'ammirazione che questi nutriva nei confronti di Coluche,

[116] Paolo Stefanini, *Da Coluche a Grillo, quando il buffone va in politica*, Linkiesta 8/5/2012. (consultato il 7/2/2016)
[117] *idem*
[118] André Barbault, *Scorpion*, Seuil, Paris, 1989, p. 106.

riportando il pensiero di Carlo Freccero. Trovo singolare che – oltre alle somiglianze astrologiche e temperamentali tra Grillo e Coluche – anche l'oroscopo di Freccero evidenzi una strettissima triplice congiunzione Sole-Saturno-Plutone in Leone, quasi ad accomunare in qualche modo questi tre personaggi.

Klaus Kinski (Sopot, Polonia, 18 ottobre 1926 alle 21:30). Psicopatico, stupratore incestuoso, aggressivo, animalesco, violento, avido, bugiardo, erotomane e... grande attore. Una tragica maschera vivente, una vita instabile, irrequieta, bruciata, distruttiva e... grande attore. In questa dicotomia risiede, in essenza, il personaggio Kinski che fece tremare registi e intere troupe cinematografiche, odiato da tutti: dalle sue figlie, di cui aveva abusato per lunghi anni di seguito, dai suoi colleghi, dai produttori e, soprattutto, da Werner Herzog, il regista con cui aveva girato cinque dei suoi migliori film, alcuni dei quali veri e propri capolavori. Nel 1999 Herzog fece addirittura un film documentario intitolato *Kinski, il mio nemico più caro* che raccontava appunto il suo rapporto con l'attore. In un articolo apparso sul quotidiano britannico *The Guardian*[119], il regista afferma di avere più volte programmato di uccidere Kinski, e in un'occasione tentò di dargli fuoco, mentre dormiva, sul set di *Aguirre, furore di Dio*. Del resto, non c'è da meravigliarsene troppo, se è vero che il cinema di Herzog «è stato considerato "sull'orlo della follia", una versione dark della vita, ma senza troppi toni scuri, l'inquietudine è tutta nella logica o nelle atmosfere inquietanti che riesce a creare.[120]» Per inquadrare al meglio la psicologia dell'attore, suggerisco la lettura di *La maschera nera di Klaus Kinski*, un bel ritratto a firma di Stefano Loparco.[121] Non c'è alcun dubbio che Kinski sia stato un così grande attore perché ha saputo manifestare appieno quelle pulsioni istintuali provenienti dalle zone più oscure dell'inconscio, quelle zone primitive, animalesche e arcaiche, e tuttavia così possenti e vitali. Ha incarnato e vissuto l'Ombra, senza infingimenti, né travisamenti, né rimpianti. Si è abbeverato fino in fondo alle fonti oscure della vita, di queste si è pasciuto, fino a quando il demonio se l'è trascinato via.

---

[119] Fiachra Gibbons, *Murderous feud on the film set*, The Guardian, 21/5/1999. (consultato il 12/2/2016).
[120] Fabio Secchi Frau, *La natura di Werner Herzog*, Mymovies (consultato il 12/2/2016).
[121] Cfr. il sito internet di Stefano Loparco (consultato il 12/2/2016).

Il tema natale è un intreccio impossibile da districare, dove tuttavia domina incontrastato Plutone all'Ascendente.

Marc Lawrence, (Bronx, New York, 17 dicembre 1909 alle 23:59) non fu un violento, anzi visse una lunga vita del tutto normale. Attore specializzato nei ruoli di criminale. Dal necrologio del *New York Times* del 3/12/2005, leggiamo: «Marc Lawrence, la cui faccia butterata e la cupa disposizione lo rese un interprete naturale dei ruoli di duro, di gangster e di becchino in dozzine di film, a partire dagli anni '30... è morto a 95 anni.» Una genitura fortemente dissonante con un Grande Quadrato, in cui primeggia Plutone altissimo al Medio Cielo. Sole in perfetta opposizione a Plutone lungo l'asse Fondo Cielo-Medio Cielo, Luna in trigono a Plutone, Mercurio in opposizione a Plutone, Venere in sesquiquadratura a Plutone.

Ilona Staller, in arte Cicciolina (Budapest, 26 novembre 1951 alle 5:00). Pornodiva di fama internazionale, entrata anche in politica ed eletta in Parlamento nelle fila del partito radicale. Racconta di avere esordito come spia per i servizi segreti ungheresi: «Da ragazza facevo la cameriera in un hotel di Budapest quando sono arrivati quelli dei servizi segreti a chiedermi di sedurre i clienti stranieri. Dovevo andare in camera loro, farli parlare e fotografare le carte che trovavo nelle loro borse. A 18 anni ero già l'agente Katicabogar (coccinella, in ungherese): spia e comfort girl di businessmen arabi o di politici americani.[122]» Per quanto riguarda il sesso, dichiara candidamente: «Ho avuto un rapporto con il sesso un po' particolare fin dall'infanzia. Mi incuriosiva, mi piaceva, mi faceva sentire potente. ... il personaggio di Cicciolina, così ingenuo e malizioso, non era una recita. Ero io veramente. Ero una ragazza spontanea a cui piaceva fare sesso, esibire l'erotismo, trasgredire il senso del pudore. L'ho fatto e ne sono contenta. Però gli uomini, tutti gli uomini attorno a me, hanno usato questo mio carattere solo per portarmi a letto o per fare soldi. Come se il libertinismo sessuale implicasse, per forza, l'assenza di amore e di sensibilità. Io sono una persona molto romantica, ma non se n'è mai accorto nessuno. ...

---

[122] Alessandro Gilioli, *Cicciolina forever*, *L'espresso*, 19/4/2007. (consultato il 5/2/2016).

Sono stata usata dagli altri ma ho sfruttato anch'io, consapevolmente, il mio corpo per ottenere i miei scopi.[123]»

Queste ultime parole di Staller, per quanto possano apparire artificiose, effettivamente rispecchiano le sue astralità.

Plutone è incollato al Medio Cielo, la Luna è in sestile a Plutone. Nettuno colora di sé sia la Luna che Venere.

Per affinità di argomento, e comune esperienza professionale, è istruttivo occuparsi di Moana Pozzi (Genova, 27 aprile 1961 alle 3:00), amica e collega attrice porno di Ilona Staller. «La pornografia esalta il lato oscuro del desiderio. Il sesso è anche nero, contorto, corrosivo; non è sempre una cosa solare, gioiosa. A me piace l'oscenità; mi annoia invece la volgarità, che è cattivo gusto e basta. L'osceno è il sublime. ... Guadagna qualcosa come centocinquanta milioni di lire al mese. Si può comprare un attico da due miliardi all'Olgiata a Roma. Il suo business è calcolato sui cinquanta miliardi. Ha venduto circa un milione di cassette dei suoi film hard. Ha raccolto trecentomila minuti di chiamate nelle linee telefoniche hard. Vanta qualcosa come duecento amanti.[124]» Muore a 33 anni per un tumore al fegato. In questo caso, il capitale di energia psichica di cui Plutone s'è fatto interprete viene convogliato sul possesso di denaro, in piena consonanza con la presenza di Sole e Mercurio in casa II nel Toro. Plutone al Discendente, Sole in trigono a Plutone (scarto inferiore a 1°).

Ilona Staller ha incarnato l'archetipo plutoniano nella sua forma sessuale per sentirsi potente, a Moana Pozzi il sesso servì per arricchirsi.

Carmelo Bene (Campi Salentina, 1 settembre 1937 alle 9:30). *Enfant terrible* del teatro italiano, da molti considerato un vero genio. Una vita sregolata e movimentata di fumatore accanito, spesso ubriaco. Assumeva volentieri atteggiamenti aggressivi e provocatori, soprattutto nei confronti dei critici teatrali che a loro volta lo osteggiavano e disprezzavano. Amava far pipì sul pubblico. «Bene in definitiva non trae altro successo che dallo scandalo, come ricordano, fra gli altri, Franco Quadri, Lydia Mancinelli e lo stesso Carmelo Bene nella sua autobiografia. D'altra parte Giuliana Rossi (moglie, *N.d.A.*) descrive Carmelo come un irresponsabile, cinico, sprezzante verso il prossimo, ma di indubbio fascino e accattivante.

---

[123] *idem*
[124] Cfr. il sito internet cinquantamila.it (consultato il 5/2/2016).

Ma questo suo comportamento biasimevole, veniva compensato da una forza creativa e cure maniacali straordinarie che dedicava ai suoi spettacoli.[125]» Ho personalmente avuto il privilegio di ascoltare la sua eccezionale e indimenticabile *lectura Dantis* elargita dall'alto della torre degli Asinelli a Bologna nell'estate del 1981.

Nel suo oroscopo osserviamo una triplice congiunzione Luna-Venere-Plutone altissima al Medio Cielo. E Nettuno che fa capolino, congiunto al Sole.

David Bowie (Brixton, Londra, 8 gennaio 1947 alle 9:00), recentemente scomparso. Attore e cantante carismatico, ambiguo, seducente. Cresce a contatto della ruggente cultura londinese degli anni '60 all'insegna di sesso, droga e rock and roll. Il grande artista si darà in seguito alla droga, cadrà in fasi depressive e sarà ossessionato dalla paura di impazzire.[126]

La triplice congiunzione Luna-Saturno-Plutone domina al Discendente. La congiunzione Sole-Marte sta in quadratura a Nettuno.

Che cosa accomuna David Bowie a Franco Battiato (Riposto, 23 marzo 1945 alle 14:00), cantante, regista, scrittore? Entrambi espongono una congiunzione Luna-Plutone angolare, Bowie al Discendente e Battiato all'Ascendente, con Battiato che a prima vista espone una "plutonianità" ancora più marcata, per via del trigono Sole-Plutone e della quadratura Venere-Plutone. Le energie rigenerative di Battiato sono tuttavia convogliate verso il lato costruttivo della personalità, come attesta il curriculum del cantante in cui prende corpo una decisa ricerca spirituale, probabilmente frutto della presenza dell'opposizione Sole-Nettuno. Nel 2014 esce il suo documentario *Attraversando il bardo* incentrato sul tema della morte nelle diverse culture, orientali e occidentali. Afferma Battiato in un'intervista: «Tranquilli, la morte non esiste, è solo un varco verso un'altra dimensione... È l'argomento rimosso dei nostri tempi, eppure la morte non è fine, non è inizio, ma passaggio, ti fa fare i conti con quel che hai fatto e, se ti sei comportato in modo non adeguato alla tua condizione, la paghi reincarnandoti in esseri appartenenti a qualche regno inferiore a quello umano. Ho parlato con saggi d'Oriente e d'Occidente, asceti, psicologi. Ho ascoltato un frate che crede nella reincarnazione e ho incontrato tre Lama nel

---

[125] Cfr il sito internet starogin2.com (consultato il 19/1/2016).
[126] Tony Rennel per il Daily Mail del 18/1/2016 (consultato il 19/1/2016).

monastero di Parphing: per loro morire è un'opportunità.[127]» Il lato nettuniano dell'artista si è manifestato con chiarezza, tra l'altro, nella sua canzone *Summer on a solitary beach* del 1981: "Mare mare mare voglio annegare/ portami lontano a naufragare/ via via via da queste sponde/ portami lontano sulle onde."

Édith Piaf (Parigi, 19 dicembre 1915 alle 5:00). Indimenticata e straordinaria cantante dalle appassionate e vibranti interpretazioni, le cui canzoni hanno segnato un'epoca. Vita breve e difficile, costellata da lutti, abbandoni, salute fragile e delicata. Un corpo minuto, uno scricciolo alto solo 147 centimetri, eppure dotato di insospettabili energie. Viveva per l'amore, amava per vivere, cantava il dolore dell'amore, bruciando la propria esistenza come una vera e propria torcia sonora. Molti uomini, ma un unico grande amore che precipita con l'aereo che aveva preso per raggiungerla. «Una figlia del Fuoco, scossa da fremiti vitali che risuonano nell'abisso dell'angoscia di vivere. La sensibilità obbedisce interamente alla fascinazione della salamandra che si divora nelle fiamme: il fuoco interiore è quello degli abissi che consuma le viscere.[128]» Piaf leggendaria, la cui vita s'incarna nelle sue canzoni, esibendosi sempre in un abitino nero.

«No, niente di niente, non rimpiango niente, né il bene né il male che mi è stato fatto, è tutto lo stesso.» (*Non, je ne regrette rien*) «In amore, ci vogliono lacrime, ce ne vogliono tante e poi tante, per avere il diritto d'amare» (*C'est l'amour*).

Alla nascita il cielo mostrava il Sole in opposizione a Plutone, la Luna in semisestile a Plutone, Mercurio in opposizione a Plutone, Marte in sestile a Plutone. Saturno, Nettuno e Plutone in casa VIII.

Elton John (Pinner, Regno Unito, 25 marzo 1947 alle 16:00). Compositore, musicista precoce, ha venduto milioni di dischi. Un cattivo rapporto con il padre, pilota militare. L'artista dichiarò che rimase fortemente segnato dalla morte dell'amico Gianni Versace, seguita dopo poche settimane da quella della principessa Diana, alla quale dedicò la famosissima canzone *Candle in the wind*, cantandola al suo funerale.

Alla nascita osserviamo il Sole in casa VIII, in trigono a Plutone in casa XII. Luna prossima alla culminazione in perfetta quadratura a Plutone.

---

[127] *Il giornale di Sicilia*, 10 giugno 2014. (consultato il 3/2/2016).
[128] André et Anne Barbault, *Astralités des femmes illustres*, Rocher, Monaco, 1998, p. 309.

Chiudo questa carrellata sulla gente dello spettacolo con un piccolo commento sul film *La migliore offerta* di Giuseppe Tornatore, regista uraniano, come spesso ci è dato di vedere tra i grandi del cinema. Tornatore descrive con maestria un personaggio affetto da un forte complesso anale trattenuto.

Virgil Oldman è un collezionista e critico d'arte, prima ancora di essere un esperto battitore d'asta che truffa la sua clientela con l'aiuto di un compare. Vive solo, ed evita contatti con le cose e con le persone. Si difende da qualsiasi contaminazione indossando sempre un paio di guanti, che non toglie nemmeno a tavola. Tutto dev'essere asettico, inemotivo, controllato, sterile. Talmente sterile da non consentirgli un rapporto basato sul rischio del coinvolgimento sentimentale. Virgil Oldman ha un segreto: una vastissima collezione di ritratti di donna, che tiene custodita in un luogo blindato, il suo rifugio nascosto, il suo *sancta sanctorum*. L'immacolato Oldman cataloga, enumera, colleziona, custodisce, conserva, tesaurizza, ammassa. Oldman soffre di un complesso anale ritentivo che lo taglia fuori dalla vita, che gli dissecca l'anima; fino a quando l'Anima, nelle sembianze di una giovane donna, farà irruzione nella sua esistenza ordinata e scandita da immutabili rituali, e con trucchi e allettamenti lo sedurrà, e – tradendolo – lo sconvolgerà fino al punto da fargli quasi perdere la ragione. Ma da lì, proprio da quel momento terribile e pressoché fatale, Oldman recupera la proprio umanità e fiducia nella vita. Come finirà la storia, non lo sappiamo. Tuttavia siamo certi che è successo qualcosa di grande e vitale: Oldman non è più "old", vecchio, si è trasformato, rigenerato, è profondamente cambiato. Da ora in avanti, potremo chiamarlo Newman.

Questa succinta rassegna incentrata principalmente sugli aspetti di Sole-Plutone non potrebbe dirsi completa se non prendesse in esame alcuni casi di congiunzione dell'astro con il Sole.

Mietek Wirkus (Raciaz, Polonia, 19 luglio 1939 alle 3:46). Guaritore, donatore di energia bioenergetica.[129] Sole congiunto a Plutone all'Ascendente, in opposizione a Marte al Discendente. Wirkus trasforma la potenza mortifera di Plutone in luminosa fonte di vita.

Padre Pio (Pietrelcina, 25 maggio 1887 alle 17:00). Stigmatizzato, proclamato santo il 16/6/2002, una vita costellata da eventi miracolosi. Inizialmente osteggiato e addirittura punito dalla Chiesa, fu oggetto di calunnie infamanti, provenienti anche da prelati. Memorabili i resoconti delle sue lotte contro il Maligno, da cui veniva percosso, fino a lasciargli i lividi sul corpo.[130] Sole, Mercurio e Marte congiunti a Plutone.

Gilbert Bourdin (Le Lamentin, Martinica, 25 giugno 1923 alle 4:30). Guru francese, fondatore del cosiddetto "Aumismo" una religione universale classificata dalle autorità come setta. Nel 1990 si autoproclama messia cosmo-planetario. Finisce i suoi giorni accusato di violenza sessuale da più donne, e muore nel 1998 prima di andare a processo. Sole congiunto a Plutone in Casa I, Marte congiunto a Plutone.

Achmed Sukarno (Surabaya, Indonesia, 6 giugno 1901 alle 6:30). Leader nazionalista e indipendentista, collabora con i giapponesi che avevano invaso le isole indonesiane durante la II guerra mondiale. L'occupazione però comporta lavoro forzato, requisizioni di generi alimentari, obbligo di coltivazioni utili allo sforzo bellico nipponico, e di conseguenza immense sofferenze per la popolazione. Legge il proclama dell'indipendenza il 17 agosto 1945, diventa Presidente, resta in carica fino al 1967. Nel 1961 contribuisce a fondare ufficialmente, insieme a Nasser, Nehru e Tito, il *Movimento dei paesi non allineati*. Sole congiunto a Plutone sull'Ascendente.

---

[129] Cfr. il sito internet di Mietek Wirkus (consultato il 18/1/2016)
[130] Cfr. il sito internet dedicato a Padre Pio (consultato il 18/1/2016)

È di qualche interesse raffrontare brevemente la figura del presidente indonesiano Sukarno con il più giovane presidente filippino Ferdinand Marcos (Laoag, Filippine, 11 settembre 1917 alle 00:51) Quest'ultimo, pur non rientrando nel novero delle geniture caratterizzate dalla congiunzione Sole-Plutone, tuttavia espone una congiunzione Luna-Plutone, con il signore degli inferi incollato all'Ascendente. Marcos non fu collaborazionista dei giapponesi durante il II conflitto mondiale, anzi, affermò di essere stato molto attivo nel combatterli come guerrigliero. Cercò così di costruirsi un'immagine luminosa ed eroica poi rivelatasi, se non totalmente falsa, poco credibile, e in ogni caso assai discussa e controversa. Un Plutone oscuro che volle farsi luce, eroico. Presidente autoritario, o addirittura dittatoriale, del suo Paese per 23 anni consecutivi.

Tra i colossi della letteratura, spicca il francese Victor Hugo (Besançon, 26 febbraio 1802 alle 22:30) che espone una triplice congiunzione Venere-Plutone-Sole nel segno dei Pesci, valorizzata dall'Ascendente Scorpione. Scrive Barbault: «Un numero importante di poemi si raccordano all'ispirazione scorpionica, in rapporto a tutto ciò che è tenebroso, segreto, sotterraneo, che siano le viscere della terra e dell'oceano, le voragini, i tesori nascosti, gli abissi della vita e della morte, o i rimorsi, la giustizia immanente e i tormenti della coscienza (*le Satyre, les Titans, l'Aigle du pasque...*). Lo Scorpione (associato a Marte e Plutone) seguirà Hugo al culmine del suo genio, quando i fulmini dell'aggressività scoppiano nei suoi *Châtiments*. Non c'è alcun dubbio che questa segnatura ha avuto l'ultima parola nel parallelogramma delle sue pulsioni vitali...[131]» Non va dimenticato che il grande scrittore si diede a quotidiane sedute spiritiche allorché si allontanò dalla Francia in volontario esilio, per stabilirsi nell'isola di Jersey, dove risiedette dal 1853 al 1855. Furono redatti verbali di ciascuna seduta, ora raccolti in *Le livre des tables*, Gallimard, Paris, 2014. Un intenso contatto con l'aldilà.

In Émile Zola (Parigi, 2 aprile 1840 alle 23:00) l'affollamento planetario è ancora più marcato: nello spazio di soli 8° si trovano Sole, Luna, Mercurio, Marte e lo stesso Plutone, tutti congiunti in Ariete. Su Zola e la sua opera sono state scritte intere biblioteche, quindi occorre qui limitarsi a raccogliere alcuni concetti astrologicamente rilevanti già espressi dal già citato Maestro

---

[131] André Barbault, *Poissons*, Seuil, Paris, 1989, p. 124

francese. Nell'opera di Zola «Troviamo un clima di aggressività, di violenza, di passione, di odio, di rivolta ... sarà attirato dalle visioni orrorifiche della condizione umana, ne vedrà solo il lato drammatico, la "parte selvaggia dell'uomo", la sua animalità, nel quadro di un insuperabile grado di nefandezza e crudeltà. ... Ci scaraventerà nelle tenebre più spesse e opache e ci mostrerà soprattutto una visione infernale. ... Zola in *Germinal* esprime con forza la discesa delle gabbie nella miniera; ciò che lo ha colpito di più è lo sprofondamento nelle tenebre. ... Non c'è grazia nell'opera di Zola, l'uomo non ha via di uscita, senza speranza, va errando nelle tenebre, attraversa la vita senza alzare il capo, come una bestia che marcia verso la morte.[132]»

Louis-Ferdinand Céline (Courbevoie, 27 maggio 1894 alle 16:00), medico e scrittore. «È un odiatore puro ... È stato definito un pessimista ... Il pensiero della morte è centrale nelle sue opere, se non una vera e propria ispirazione. "La morte, la morte mi abita" scrisse. Per Ferdinand, gli uomini, non sono altro che "morti in sospeso". Una condanna a morte pende su di noi dal momento della nascita: "Memento morituri". ... Nella sua opera, Louis-Ferdinand Céline riesce solamente nell'oscurità delle tenebre a far emergere la vera miserabilità dell'uomo...[133]»

Dashiell Hammett (Saint Mary's County, Maryland, 27 maggio 1894, gemello astrale di Céline. Sconosciuta l'ora.) Alcolizzato, fumatore incallito, scrittore di romanzi gialli, popolati da personaggi duri, cinici, disillusi. Negli anni '20 lavora nella famosa agenzia investigativa Pinkerton, la cui esperienza gli ispira molte delle sue storie e personaggi. Maestro del romanzo noir americano. «La legge dei sentimenti non può più avere alcun buon fine: l'uomo non dispone che di mezzi cinici e violenti. Il cuore dell'investigatore privato si è indurito, e la legge si è ridotta a un codice di condotta individuale che si muove in un labirinto infernale. Gli eroi di Hammett hanno a che fare solo con canaglie bugiarde; il piacere che ricavano dal ripulire una città o dal chiarire un caso è amaro, perché più ripuliscono e chiariscono e più la sporcizia del mondo affiora in evidenza. Ogni menzogna svelata nasconde una menzogna peggiore, fino alla verità, che è peggiore di tutto il resto.[134]»

---

[132] André Barbault, *Bélier*, Seuil, Paris, 1989, p. 140.
[133] Valerio Alberto Menga, *Louis-Ferdinand Céline, un faro nella notte.* (consultato il 31/12/2015).
[134] Cfr. il sito internet cinquantamila.it (consultato il 31/12/2015)

Federico Garcia Lorca (Granada, 6 giugno 1898 alle 00:00, l'atto di nascita recita 5 giugno a mezzanotte). Il poeta era ossessionato dalla morte. Traggo dallo studio di Mario Zoli[135]: «Il Sole e Plutone erano quasi perfettamente congiunti. Tale aspetto aveva avuto enorme influsso sulla psicologia di Lorca, come notarono tutti i suoi amici; ne era venuta, in particolare, la tendenza a passare in breve tempo dalla gioia più sfrenata e contagiosa, una libera forza della natura, all'angoscia più cupa, al "miedo"; la sua stessa poesia presenta spesso la morte e il macabro nella piena luce meridiana. ... in una celebre lirica la morte sarà vista come una sposa incoronata di fiori d'arancio ... La vita sarà dunque una attesa di morte, una morte ravvisata perfino nel bianco innocente della neve, nelle colombe, nel chiarore delle stelle, negli abbacinanti meriggi estivi dell'Andalusia. E la sposa di Lorca non potrà essere che la morte. ... evocata, per immagini esterne, dall'*Io* profondo da cui sale come una forza tellurica, apocalittica, incoercibile: e saranno allora, per le vie di New York, iguane, serpi, veleno, teschi, fango, acque putride, catene, fiori morti, mentre il mondo animale (formiche inferocite) e naturale distruggerà la supremazia dell'uomo.» Il poeta fu fucilato a Granada dai franchisti all'età di 38 anni.

---

[135] Mario Zoli, *Umanità e astrologia nell'indagine sul caso di Federico Garcia Lorca*, Zodiaco n. 2 (luglio 1979), p. 78, 82, 86. L'immagine è tratta dalla rivista.

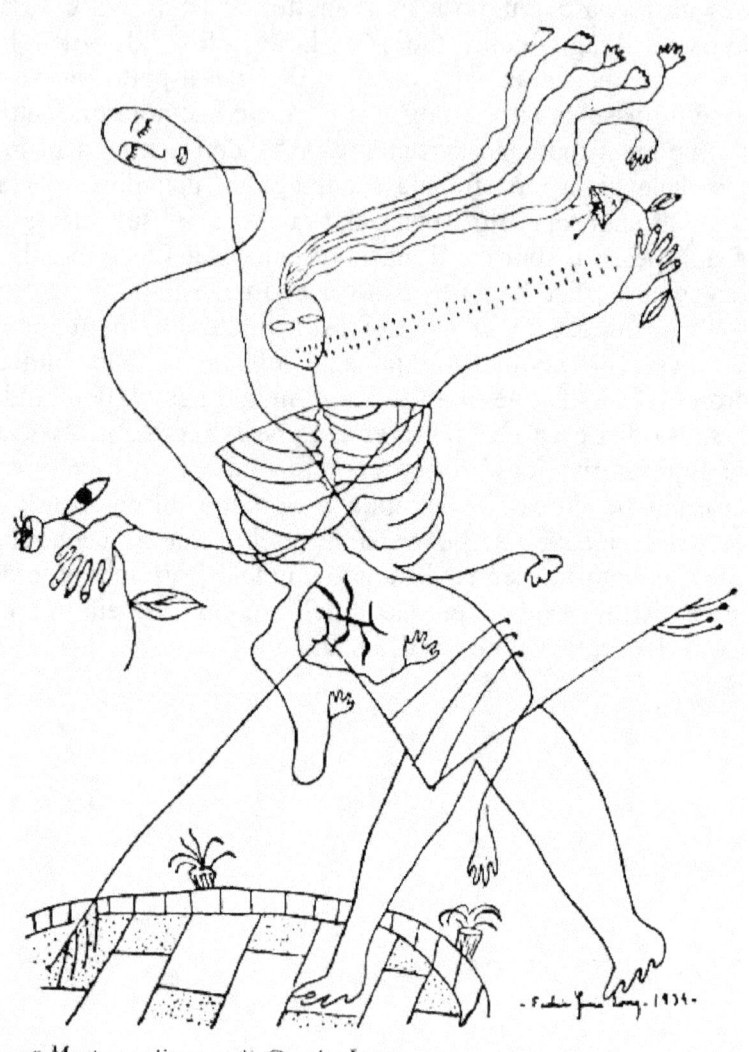

« *Morte* »: *disegno di García Lorca.*

Curzio Malaparte (Prato, 9 giugno 1898 alle 23:00) nasce a pochi giorni di distanza dal poeta spagnolo. Giornalista, scrittore. Personaggio complesso e controverso, impossibile da incasellare. Sentiamo il prof. Luigi Martellini, curatore delle opere presso Mondadori, intervistato sui due libri più importanti, *Kaputt* (1944) e *La pelle* (1949): «Malaparte, stanco e disgustato, si muove privo di speranza, solo con un baudelairiano senso olfattivo, uditivo, visuale: intorno a lui la nudità della vita, spoglia ormai di tutto di fronte alla verità. Caduta la maschera non restano che cadaveri viventi: vuote forme di antiche durezze e severità, con un qualcosa di oscuro e selvaggio, di grottesco e barbarico che trova riscontro nelle simbologia dell'uomo-animale (animaleschi capitoli sulla rovina dell'Europa ormai kaputt e "mamma marcia"), in quanto nel secondo conflitto mondiale gli unici a conservare un'umanità sono stati gli animali, mentre gli uomini hanno assunto il ruolo animalesco della distruzione totale. ... *Kaputt*: un diario segreto scritto col sangue. ... La crudezza che in Kaputt era tutta esteriore, fisica, materializzata negli oggetti, ne *La pelle* è dappertutto: intorno e dentro di noi, più nell'anima che nelle cose, così Napoli è il simbolo della decadenza di tutta l'Europa dove ognuno è pronto a qualsiasi cosa pur di salvare la *pelle* e il cui marciume trova l'ingorgo finale nell'imbuto di questa città. Atroci e neri, i due libri sono due mostri straordinari nati come improvvise deflagrazioni nella letteratura eteroclita del dopoguerra, scritti da un uomo che soffriva e che cercava di simulare la sua sofferenza nascondendosi dietro tutte le maschere possibili per soffocare il grido dell'umiliazione e dei nostri errori. Con questi due sorprendenti *tableaux* della miseria, Malaparte ci trascina in un mondo ignobile e odioso, da incubo inquietante e magico, dove anche qualche raro fiore è strano e velenoso, quasi sbocciato da un'apocalisse. I suoi occhi, diversi dai nostri, gettano lontano lo sguardo per individuare le menzogne della Storia e vedono l'orribile vessillo di una bandiera fatta di pelle umana.[136]»

Jean-Paul Sartre (Parigi, 21 giugno 1905 alle 18:45). Filosofo, scrittore, teorico dell'esistenzialismo ateo. «Questo pensiero filosofico non accompagna forse un regresso della civiltà, un modo di entrare in una nuova barbarie con il regno di un individualismo forsennato nel quotidiano, in cui svaniscono i valori collettivi del sociale, una rivincita dell'animalità sulla civiltà? Per questi pensatori, non esiste una natura umana e la vita è a priori priva di senso.» (Barbault 2002, p. 154)

---

[136] *Intervista a Luigi Martellini* di Luca Meneghel del 2/8/2009. (consultato il 1/1/2016)

Miley Cyrus (Nashville, Tennessee, 23 novembre 1992 alle 16:19). Cantante, attrice, scandalosamente trasgressiva. I suoi spettacoli si spingono ai limiti di un erotismo sconfinante nella pornografia. Ha recentemente posato completamente nuda per una rivista per la rivista *V magazine* che le ha dedicato un servizio dal nome che non lascia dubbi: *Diary of a dirty hippie*. Diffonde la moda del cosiddetto *twerking* (ballare in modo sessualmente ammiccante, anche con sfregamento delle natiche della ballerina sul bacino del ballerino), Sole, Luna, Mercurio congiunti a Plutone in Scorpione al Discendente.

Veronica Ciccone, in arte Madonna (Bay City, Michigan, 16 agosto 1958 alle 7:05. Ora incerta) Attrice, cantante. Malgrado l'incertezza dell'ora di nascita, resta ferma la congiunzione Sole-Plutone (e forse anche la Luna, se l'ora menzionata è corretta). Ha venduto centinaia di milioni di copie dei suoi dischi in tutto il mondo. Anche lei confeziona spettacoli provocatori in cui si mette generosamente in mostra. In un'intervista rilasciata alla rivista britannica *New Musical Express* racconta di una violenza subita a New York all'età di 19 anni: «Sono stata stuprata. Fu un'esperienza devastante, ma che mi ha fatto diventare più forte. È accaduto molto tempo fa e con il passare degli anni sono venuta a patti con quella storia e sono riuscita a superare lo shock.[137]» In questo caso, Plutone marchia il soggetto che subisce lo stupro, mentre nel caso di Kevin

---

[137] La Repubblica 29./11/1995 (consultato il 12/1/2016).

Coe, l'astro caratterizza lo stupratore (vedi sopra, al capitolo *Sole al Fondo Cielo – Plutone al Medio Cielo*).

Tim Burton (Burbank, California, 25 agosto 1958 alle 23:49). Regista, produttore cinematografico, disegnatore. «Noto per i suoi film fantastici dal taglio tetro, gotico e bizzarro.[138]»

Un disegno di Tim Burton

Erik Jan Hanussen, nato Hermann Steinschneider, (Vienna, 2 giugno 1889 alle 4:00). Veggente, occultista, illusionista, ipnotizzatore. Ebbe grande successo e notorietà nella Berlino degli anni '20 e '30 del secolo scorso. Predice l'incendio del Reichstag (attribuito ai comunisti), che fornisce ai nazisti l'occasione per chiedere poteri speciali e fondare la loro dittatura. Si fa editore dei suoi quaderni a carattere esoterico, gli *Hanussen Jahrbuch*. Muore assassinato dalla Gestapo il 25 marzo 1933.[139] Il Sole è stretto tra Plutone e Marte, luogo dove cade anche l'Ascendente. Il regista István Szabó nel 1988 ha girato un film su Hanussen, ben interpretato da Klaus Maria Brandauer (titolo italiano *La notte dei maghi*).

---

[138] Cfr. Wikipedia inglese (consultato il 1/1/2016).
[139] Cfr. articolo di Massimo Introvigne sul sito internet Cesnur center for studies on new religions (consultato il 1/1/2016)

Interessante il caso di Michael Jackson (Gary, Indiana, 29 agosto 1958, ora di nascita incerta), cantante, ballerino, attore, definito "re del pop". Un adulto rimasto allo stadio infantile, descritto come molto timido, un bambino assai maltrattato e divorato dal padre. Assume sostanze stupefacenti. Accusato di pedofilia, muore a 50 anni per intossicazione da farmaci. Complesso anale nel suo duplice aspetto ritenuto-rilasciato. "Sono un perfezionista; lavorerò fino a crollare". (Moonwalk) "Questa è la mia impostazione: se qualcosa è vietato, lo farò." (Moonwalk) Il tabloid newyorchese *New York Post* in un servizio del 10 agosto 2014 riporta dichiarazioni anonime di cinque cameriere che lavorarono, nel periodo 1986-2004, nel ranch di *Neverland*, la grande residenza californiana di Michel Jackson. Il giornale in questione è considerato scandalistico, quindi queste dichiarazioni, per di più anonime, vanno lette con la massima cautela. Tuttavia non può sfuggire il fatto che esse ci riportano inequivocabilmente a manifestazioni caratteriali tipiche del complesso anale rilasciato. Si legge dunque che il cantante viveva in uno stato di sozzura generalizzato, che si dilettava a orinare per terra, a giocare con le feci dei suoi numerosi animali che giravano liberi per casa, e che la sua camera da letto puzzava in modo insopportabile. Inoltre, l'artista accumulava ogni sorta di regalo ricevuto dai suoi fan, come libri, magliette, camicie, cappellini, gadget e gingilli di ogni genere. Rifiutava di sbarazzarsene, pur essendo materialmente impossibilitato a utilizzarli per via del loro numero enorme.[140] Trovo qui un richiamo pertinente in uno scritto dello psicoanalista francese Dr. René Laforgue che nel suo *Au-delà du scientisme*[141] riporta un brano della collega Annemarie Dührssen secondo cui "In termini psicoanalitici, diremmo che Plutone è un frustrato e che, come tutti i frustrati, cerca una compensazione negli escrementi … Il suo amore si dirige verso la putrefazione, l'oro e i tesori che accumula con senso di onnipotenza…" Sole congiunto a Plutone in Vergine.

La congiunzione Sole-Plutone in Vergine ci rimanda anche a Rosa Elena García Echave, in arte Rossy de Palma (Palma de Maiorca, 16 settembre 1964, sconosciuta l'ora). Attrice prediletta di Pedro Almodovar, artista versatile, riscuote recentemente anche un grande successo teatrale al Piccolo Teatro di Milano con il suo *Resilienze d'amore*, scritto, diretto e interpretato da lei. Anticonformista, polemica, spiazzante, provocatoria, sorprendente, con i suoi lineamenti irregolari rende il suo corpo un'opera d'arte, trasponendo in realtà vivente il famoso "Il bello è brutto, il brutto è bello" del Macbeth shakespeariano.

Rossy de Palma

[140] New York Post 10/8/2014 (consultato il 9/1/2016).
[141] Éditions du Mont-Blanc, Genève, 1963.

Ovviamente, una congiunzione Sole-Plutone non richiama solo aspetti inquietanti come la morte, ombra, oscurità, sozzura, potere politico (talvolta poco limpido), morbosità, sessualità provocatoria, trasgressioni, nichilismo. Può condurre al contatto con immense energie creative, come si vedrà negli esempi che seguono.

Pierre Cardin (San Biagio di Callalta, 2 luglio 1922 alle 14:00). Stilista di fama internazionale nel campo della moda, ha fondato un impero diffuso a livello mondiale. Come spesso accade, in casi di particolare rilevanza, l'aspetto Sole-Plutone è assistito dal concorso di altri pianeti angolari. In questo caso, una stretta congiunzione Venere-Nettuno altissima al Medio Cielo.

La data di nascita di Salvatore Ferragamo (Bonito, 5 giugno 1898 alle 7:40) si colloca anch'essa vicina a quella di Federico Garcia Lorca e Curzio Malaparte. E tuttavia, a differenza dei suoi dei suoi già citati contemporanei, Ferragamo fu un grande stilista che rivoluzionò il settore delle calzature.

Riccardo Muti (Napoli, 28 luglio 1941 alle 8:30). Direttore d'orchestra, gloria italiana. La sua biografia risplende di successi internazionali e di onorificenze. Anche in questo caso, la potente e strettissima congiunzione Sole-Plutone è fiancheggiata da un'altra possente configurazione, la svettante congiunzione Saturno-Urano al Medio Cielo.

Steve Wozniak (San Jose, California, 11 agosto 1950 alle 9:45). Genio dell'informatica, fonda la Apple insieme a Steve Jobs.

Benvenuto Cellini (Firenze, 1 novembre 1500 alle 21:10). Un grande dell'arte. Scultore, orafo, carattere difficile, rissoso. «Di natura irrequieta e violenta, ebbe una vita avventurosa, segnata da contrasti, passioni, delitti, per i quali fu spesso costretto all'esilio o alla fuga.[142]» Famosa la sua autobiografia, scritta in volgare. La congiunzione Sole-Plutone è in Scorpione, segno in cui si trova anche la congiunzione Venere-Marte.

---

[142] Cfr. sito internet dell'Enciclopedia Treccani (consultato il 1/1/2016).

La saliera, commissionata dal re Francesco I di Francia. Ebano oro e smalto.

Nella nostra collezione non poteva mancare un rappresentante dell'arte di Urania, Francesco Waldner (Marlengo, 13 giugno 1913 alle 21:40), che in realtà più che un astrologo era un sensitivo, un veggente ("Quando studio un oroscopo, mi si presenta ogni volta alla mente un'immagine diversa, a seconda della personalità che vi sta dietro" scrisse.). «Sin da bambino dimostrò di possedere facoltà paranormali: le sue prime importanti visioni di chiaroveggenza risalgono infatti a quando aveva sette anni, tanto che a quattordici era già divenuto famoso lavorando in questo campo per tutta Europa.[143]» Waldner aveva il Sole congiunto a Plutone, con la Luna in aspetto di opposizione a quest'ultimo. In pratica, era nato con la Luna piena tra Cancro e Capricorno, degno corteo planetario per il tenebroso Ade. Giove all'Ascendente muniva questa genitura di tutto il suo sostegno.

§§§

Che tipo di personalità può corrispondere a chi nasce sotto una strettissima congiunzione Sole-Plutone in trigono a Marte?

Umberto Guidoni (Roma, 18 agosto 1954 alle 13:00) è un astronauta, laureato in fisica con specializzazione in astrofisica. Da Wikipedia rilevo: "ha partecipato a due missioni NASA a bordo dello Space Shuttle. Nel 2001 è stato il primo astronauta europeo a visitare la Stazione spaziale internazionale. Europarlamentare dal 2004 al 2009." Ha fatto politica con *Sinistra, ecologia e libertà*, che poi ha lasciato. Numerosi i premi e le onorificenze.

Joseph "Sepp" Dietrich (Hawangen, 28 maggio 1892 alle 1:00). Anch'egli ha fatto politica, ma nel partito nazionalsocialista tedesco. Fa presto carriera, entra nelle simpatie di Hitler. Dapprima gerarca del partito, poi nelle SS, ed è implicato nell'assassinio nel 1934 del capo delle camice brune Ernst Röhm (un altro plutoniano, su cui ci soffermeremo sotto). Capo dei pretoriani di Hitler e quindi responsabile della sua guardia del corpo. Combattente spietato sia nel I che nel II conflitto mondiale. Criminale di guerra, condannato a morte in contumacia dai sovietici, se la cavò con pochi anni di carcere, e muore nel suo letto. Gli è andata bene.

---

[143] Francesco Waldner, *Il guardiano della soglia*. Sta in *Testimonianze su Evola*, Gianfranco de Turris (ed.), Mediterranee, Roma, 1985, p. 200.

Ernst Röhm (München, 28 novembre 1887 alle 1:00). Non ha la congiunzione Sole-Plutone, ma l'opposizione Sole-Plutone, e Marte all'Ascendente in trigono a Plutone. Un fondatore insieme a Hitler del partito nazionalsocialista, e delle SA (truppe d'assalto), le camice brune. Si rivolge a Hitler chiamandolo per nome invece di "mein Führer" e gli da del "tu". Fatto assassinare per ordine dello stesso Hitler. Uomo di vertice abituato al comando, un guerriero germanico che preferisce soccombere piuttosto che cedere il potere.

Algernon Swinburne (Londra, 5 aprile 1837 alle 5:00), nasce con 5 pianeti in Ariete (in I casa), di cui una perfetta congiunzione Sole-Plutone, a cui interviene la Luna, anch'essa in gioco, con scarto di solo 1°. Questa triplice congiunzione sta in trigono alla stretta congiunzione Marte-Giove in Leone. Un poeta e critico letterario infuocato all'eccesso, che tutto arde e travolge nell'Inghilterra bacchettona e vittoriana. Un rivoltoso alcolizzato con tendenze masochistiche. I suoi *Poems and ballads* del 1866 "evidenziano con chiarezza l'ossessione di Swinburne per il masochismo, la flagellazione e il paganesimo. ... Diventa nel tempo un personaggio rispettabile, con atteggiamenti reazionari.[144]» Commenta il grande anglista Mario Praz: «Rileverò ... la peculiarità della posizione dell'uomo di fronte alla donna nell'opera swinburniana, e le caratteristiche del tipo della donna. Quanto alla prima, basterà ricordare la concisa formula usata dal Swinburne stesso: l'uomo, nell'opera del poeta, aspira ad essere «the powerless victim of the furious rage of a beautiful woman» (la vittima inerme dell'ira furiosa di una bella donna, *N.d.A.*); il suo atteggiamento è passivo, il suo amore è martirio, il suo piacere è pena. Quanto alla donna, sia essa Fredegond o Lucrezia Borgia, Rosamond o Maria Stuarda, è sempre lo stesso tipo di bellezza scostumata, imperiosa e crudele.[145]»

Questi risultati riguardano la congiunzione Sole-Plutone in armonico rapporto con Marte. Proviamo a ribaltare tale rapporto, per renderlo disarmonico.

Abbiamo già visto il caso della dr.ssa Elisabeth Kübler-Ross, medico e psichiatra, che fu capace di trasformare le tenebre della morte in luce della rinascita. «Le sue ricerche la convinsero dell'esistenza di una vita dopo la morte. Era affascinata dalle storie

---

[144] Cfr. sito internet dell'Enciclopedia Britannica (consultato il 2/1/2016).

[145] Mario Praz, *La carne, la morte, il diavolo nella letteratura romantica*, Sansoni, Firenze, 1992, p. 193

di esperienze di premorte e le accadde di avere una prima apparizione. Il risultato fu che arrivò alla conclusione che la morte non esiste nella sua concezione, tradizionale ma che avviene in quattro distinte fasi: 1) galleggiamento fuori dal corpo come una farfalla che lascia il proprio bozzolo, e assunzione di una forma eterica, esperienza di completezza e consapevolezza di ciò che accade intorno a sé; 2) percepirsi in uno stato di spirito ed energia, non essere soli, incontrare un angelo custode o una guida; 3) entrare dentro un tunnel o attraversare una porta di passaggio e sentire una luce che irraggia calore intenso, energia, spirito e travolgente amore; 4) essere davanti alla Fonte Suprema e rivedere la propria vita. ... si convinse della reale esistenza delle proprie guide spirituali...[146]»

Mick Jagger, (Dartford, Regno Unito, 26 luglio 1943 alle 2:30), cantante rock in sella da 50 anni a questa parte. Dotato di energie quasi sovrumane, una vita costellata di successi, scandali, sesso, droga, matrimoni, parecchi figli da donne diverse. Co-fondatore del famoso gruppo *Rolling stones*, contraltare dei *Beatles*. Una genitura eccezionale che espone una quadruplice congiunzione Sole-Mercurio-Giove-Plutone al Fondo Cielo in Leone, in quadratura a Marte in Toro.

INTERVALLO DI COLORE

Afferma Claudio Widmann:

"Se la luce è simbolo della coscienza, il buio lo è dell'inconscio, in quanto connesso con il nero, l'ombra, le tenebre, l'oscurità, la notte. ... Intimamente associato con le tenebre dell'ignoto, dell'inconscio, dell'ignoranza e del mistero, il nero diventa il colore che contraddistingue il segreto, l'occulto, il non- noto nella sua accezione più ampia. Un cromatismo comune collega le riunioni segrete dei carbonari e i cappucci dei «liberi muratori», le messe nere e i rituali sabbatici, gli animali satanici e gli specchi magici in ossidiana scintillante degli Aztechi. ... Esso è anche il colore delle potenze ctonie, misteriose, tenebrose oscure che regnano nei

---

[146] Cfr. il sito internet Encyclopedia of Death and Dying, alla voce Elisabeth Kübler-Ross (consultato il 3/1/2015).

mondi sotterranei: Caronte e Cerbero, Ade e Plutone, Crono e Saturno sono egualmente caratterizzati da questo colore.[147]"

Ancora una volta veniamo riportati al polo negativo di questo simbolismo, e ancora una volta è necessario riportarci al lato positivo, che pure esiste, anche nel colore nero.

C'è qualcosa nel nero che lo rende supremo, sublime, perfetto. ... Qualcosa di ciò, per esempio, percepiamo ed esprimiamo nell'estetica e nell'abbigliamento. Il vestito nero possiede un rigore austero, un'aura di aristocratica semplicità, una sobria, impeccabile compostezza che emana un fascino di grande potenza. «Bruna sono, ma bella» diceva la Sulamite del *Cantico dei Cantici*. Nella moda il nero, più di ogni altro colore, crea un'immagine di eleganza e di lusso, ma senza clamore, con sobrietà e pacatezza. I vestiti da cerimonia, gli abiti da sera, il frac e lo smoking sono rigorosamente neri, perché nel nero si realizza «la sublimazione estetica di tutti gli altri colori» (Izutsu, 1990, p. 213). Grazie al suo carattere assoluto, il nero si presta quindi a contrassegnare stati esperienziali estremi: «l'incoscienza della notte buia e la sovracoscienza della notte luminosa», l'Abisso e l'Infinito.[148]

---

[147] Claudio Widmann, *Il simbolismo dei colori*, Magi, Roma, 2000, p. 51, 58.
[148] *Idem*, p. 77.

L'ultimo incontro tra Urano e Plutone è avvenuto nel 1965 nel segno della Vergine. I due astri vantano un ciclo che supera la vita media di un essere umano, poiché si protrae per 115 anni circa, e cioè il tempo che trascorre da una congiunzione all'altra.

L'oggetto del presente studio è costituito dagli "effetti" degli aspetti di Plutone nel cielo di nascita individuale, pertanto restano escluse le manifestazioni dei cicli planetari nell'ambito dell'astrologia mondiale. Certamente, si può osservare che i diversi anni di durata della congiunzione hanno visto svilupparsi alcuni fenomeni collettivi che non potevano non avere ripercussioni sulla vita dei singoli: ad esempio, a partire dal 1965 si è verificata in Italia – e nei paesi occidentali in genere – una caduta libera del tasso di fertilità, per cui si può parlare di una denatalità che in prospettiva porterà a una consistente perdita di popolazione, poiché si è molto al di sotto della soglia di 2 figli per coppia, la quale in tal modo cessa di ricostituirsi. Inoltre occorre ricordare che nel 1968-1969 Giove è transitato sulla congiunzione Urano-Plutone, scatenando ciò che Barbault ha definito un complesso anale, che ha coinvolti svariati settori della società: diffusione della delinquenza, dell'inquinamento ambientale, della droga, del riciclaggio del denaro sporco, della pornografia, del terrorismo, del nichilismo. Nel maggio 1968 assistiamo a un movimento di rivolta a Parigi, che salda la protesta di studenti e operai contro l'autorità costituita in genere; la protesta si diffonde a macchia d'olio in vari paesi occidentali e del mondo, tra cui l'Italia dove, nel 1969, si apre una stagione di terrorismo e di lotta armata.

Avvalendomi dei dati custoditi nell'archivio Rodden, ho impostato una chiave di ricerca che evidenziasse i nati sotto la triplice congiunzione Sole-Urano-Plutone. Il Sole si trova quindi congiunto sia a Urano che a Plutone. Sono emersi 35 nominativi, di cui 4 criminali (tra cui una satanista, Sara Andrete, già commentata in precedenza), 13 attori (di cui 2 nel porno), 8 atleti e 10 vari. L'esito non mi è parso particolarmente significativo sotto alcun profilo.

In pratica, solo 4 (i criminali) dei 35 soggetti censiti hanno fallito il compito di convogliare le grandi energie insite in tale triplice congiunzione in un'attività socialmente utile. Si potrebbe indagare se la recitazione dei 13 attori sia in qualche modo pungente e istrionica, e scavare nelle biografie degli 8 atleti per capire perché solo due di essi espongano un possente Marte all'Ascendente Scorpione. Ma si tratterebbe di scendere in dettagli che solo un accurato studio delle biografie può fornire.

In questa sede mi limito a proporre, come spunto di riflessione, qualche caso di congiunzione Urano-Plutone valorizzata dalla presenza all'Ascendente.

Iniziamo con il controverso politico britannico Nigel Farage (Farnborough, Regno Unito, 3 aprile 1964 alle 16:30). Un Ariete dotato di congiunzione Sole-Marte in casa VIII, e con l'Ascendente stretto tra Urano e Plutone! Farage è deputato al parlamento europeo in quota UKIP e non ha mancato di far parlare di sé. Riesce a portare a casa il 23% dei voti nelle elezioni amministrative del 2013 e il 27% nelle elezioni europee del 2014. In quest'ultima tornata elettorale, diventa il primo partito inglese a Strasburgo con 24 seggi sui 73 di pertinenza del Regno Unito. Considerato un populista, esprime frequentemente punti di vista pungenti e provocatori. È del 3 gennaio 2015 la notizia che, secondo quanto da lui dichiarato, gli fu sabotata l'auto nell'ottobre 2014 mentre rientrava in patria da Bruxelles. Il parlamentare afferma di avere rischiato la vita, si era sganciata una ruota mentre viaggiava in autostrada.[149]

Vito Mancuso (Carate Brianza, 9 dicembre 1962 alle 23:30[150]). Teologo, scrittore di numerosi libri diventati best seller. Ha studiato in seminario, poi è stato ordinato sacerdote all'età di 23 anni e 6 mesi. Dopo appena un anno, chiede la dispensa dall'attività pastorale per dedicarsi agli studi. Abbandona in seguito lo stato sacerdotale e si sposa. Il pensiero teologico di Mancuso è stato disapprovato da fonti autorevoli per diverse ragioni, tra le quali quella del rifiuto di alcuni importanti dogmi della Chiesa. È stato pertanto criticato dalla rivista dei gesuiti *La civiltà cattolica*, dall'arcivescovo Bruno Forte «sotto la cui direzione ha conseguito il secondo grado accademico, la Licenza, presso la Facoltà Teologica *"San Tommaso d'Aquino"*.[151]» La teologia di Mancuso è stata definita "gnostica" da Gianni Baget Bozzo ed Enzo Bianchi. «Anche il presidente dell'*Associazione*

---

[149] Cfr. sito internet dell'ANSA, 3/1/2016
[150] Ora di nascita fornita da Rita La Rovere, che assicura averla ricevuta direttamente dall'interessato.
[151] Questa, e tutte le altre notizie da me qui menzionate, sono state tratte esclusivamente dal sito internet di Vito Mancuso (consultato il 20/2/2016).

Teologica Italiana, mons. Piero Coda, relatore della tesi di dottorato di Mancuso presso l'Università Lateranense, ha preso le distanze dalle conclusioni e dal metodo di Mancuso.» Ovviamente, si sono anche levate voci di consenso nei confronti di questo autore, tra cui anche quella – confinata per altro alla dimensione umana e personale di Mancuso – del defunto cardinale Carlo Maria Martini.

Al di là delle dispute e delle finezze teologiche – che ricordano quelle di un medioevo evidentemente ancora presente nella psiche dei disputanti, col rischio di cadere in un'interminabile logomachia – ciò che risulta evidente dalle note biografiche pubblicate dallo stesso Mancuso è il suo ribellismo, unito all'originalità di un pensiero irrequieto, in grado di suscitare interesse, ammirazione e scandalo. Nulla a che vedere con la fecondità dell'opera di Romano Guardini (già trattato in precedenza), con cui Mancuso condivide la segnatura plutoniana. Il cielo natale è parlante: Sole-Sagittario in quadratura a Plutone; Giove in opposizione a Plutone lungo l'asse Ascendente-Discendente, con Plutone all'Ascendente (e Urano non molto lontano).

Cristina di Borbone e Grecia, Infanta di Spagna (Madrid, 13 giugno 1965 alle 12:30). Sorella del re Filippo VI di Spagna, attualmente è sotto processo a Palma di Maiorca, accusata di frode fiscale[152]. Nel giugno 2015 il re l'ha privata del titolo di duchessa di Palma. L'accusa ha avanzato una richiesta di 19 anni di reclusione per il marito Iñaki Urdangarin, atleta della palla a mano. Lo scandalo che la vede coinvolta ha contribuito considerevolmente a minare la fiducia del popolo spagnolo nella monarchia. Il cielo natale, molto particolare, è per lo più disarmonico, strutturato a Grande Quadrato in cui però si inserisce un aquilone; tutto sembra convergere nella congiunzione Urano-Plutone all'Ascendente.

---

[152] La Stampa, 11/1/2016 (consultato il 12/1/2016).

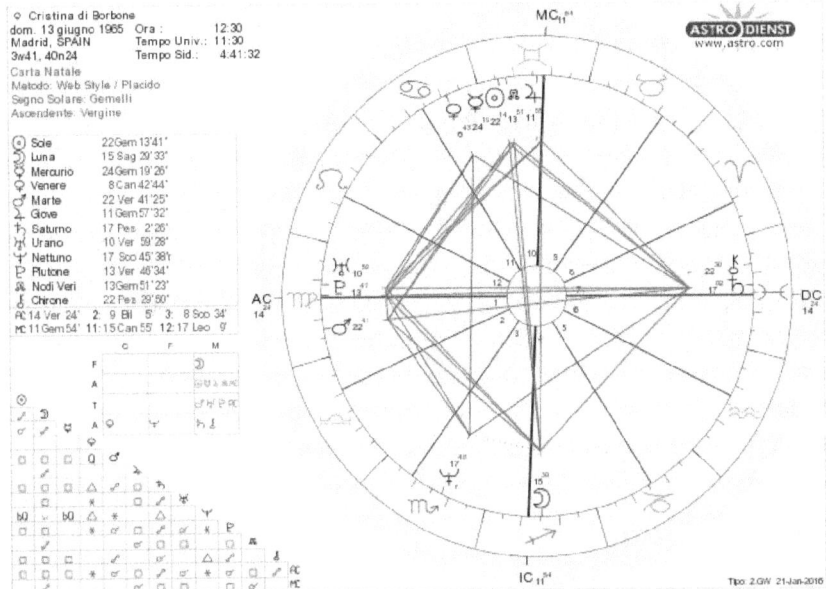

Kurt Cobain (Aberdeen, Washington, 20 febbraio 1967 alle 19:38). Musicista, cantante rock. Eroinomane, alcolizzato. Suicida all'età di 27 anni.

Un cielo natale molto particolare, caratterizzato da una formazione ad aquilone, di cui la congiunzione Urano-Plutone all'Ascendente sembra formare la punta, e anche il luogo dove confluisce tutta la carta del cielo.

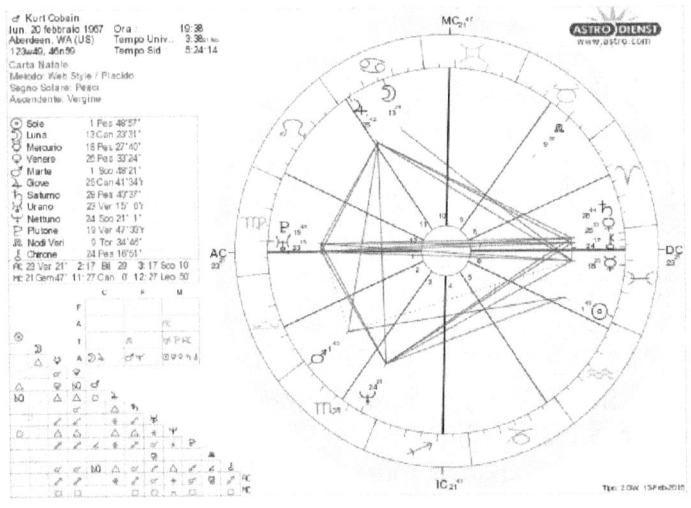

Con il generale francese (elevato *post mortem* al massimo rango militare di maresciallo di Francia) Joseph Simon Gallieni (Saint Beat, 24 aprile 1849 alle 5:00) ci catapultiamo in pieno '800 e oltre, fino alla I Guerra mondiale. Una carriera di tutto rispetto in Indocina e nelle colonie francesi africane. Nominato governatore militare di Parigi nel 1914, (dopo essere stato richiamato dal congedo in cui era stato posto per raggiunti limiti d'età), contribuisce al successo della battaglia della Marna assumendosi la responsabilità di anticipare gli ordini del suo superiore Joffre, e inviando truppe al fronte anche requisendo i taxi parigini. La congiunzione Urano-Plutone è in Ariete, non in Vergine, come negli esempi precedenti. L'Ascendente cade esattamente in mezzo alla congiunzione Sole-Plutone – questa volta in Toro –, con Urano non molto distante dallo stesso Plutone.

"Effetto" casa VIII

Si è già parlato della convergenza di Marte, Plutone, Scorpione e casa VIII in un unico fascio di valori. Riservandomi di esaminare nel prosieguo l'esempio molto significativo di Charles Baudelaire con la sua affollata casa VIII, vale certamente la pena di soffermarsi su due soggetti del tutto particolari.

Il primo è il campione di basket Dennis Rodman (Trenton, New Jersey, 13 maggio 1961 alle 0:10), specializzato nel prendere la palla al rimbalzo sotto canestro. Anche questo cielo natale si presenta con il Grande Quadrato, in cui a prima vista sembrerebbe assumere veste di dominante l'opposizione Luna-Nettuno lungo l'asse Fondo Cielo-Medio Cielo. Effettivamente, l'aspetto in questione, con Nettuno culminante, sembrerebbe dare conto della popolarità del giocatore. Tuttavia, se leggiamo le note biografiche, salta subito all'occhio il carattere collerico, provocatorio e polemico di Rodman. «Egli ha un pessimo carattere, in termini bioenergetici un carattere anale-espulsivo. Per cominciare, l'aspetto: capelli tinti o di rosso o di verde o di rosa o multicolori, il busto coperto da tatuaggi, orecchini al naso, una collezione di indumenti femminili e un linguaggio sboccato offuscano il suo successo come giocatore. Il carattere di Rodman influisce sul suo comportamento nel campo di gioco: egli stuzzica, schernisce e fa perdere la testa agli avversari, distruggendo così l'ordine, mettendo in ridicolo quello che è serio e criticando aspramente quello che è giusto. I suoi fan si aspettano da lui l'inatteso: comportamenti inconsueti accompagnati, e addirittura superati, da esplosioni emotive. Se i giudici di gara lo richiamano, egli dà sfogo alla furia; quando la pressione interna sommerge la capacità di controllo, egli non riesce più a nascondere la sua lotta personale contro le regole, e questo stile espulsivo assume una connotazione negativa. ... Talvolta si è autoescluso non presentandosi o andandosene via, altre volte le squadre lo hanno buttato fuori, a salvaguardia del gioco, a causa del comportamento inaffidabile. Nel caso di Rodman l'essere espulsivo ha avuto come conseguenza l'espulsione.[153]» Il complesso anale del soggetto è a mio avviso da ricondurre alla presenza di Plutone-Vergine in casa VIII.

Dennis Rodman

Il secondo soggetto è il pittore Félicien Rops (Namur, 7 luglio 1833 alle 8:30). Avevo già accennato a questo artista nel mio *I mille volti di Nettuno*, classificandolo tra i simbolisti. In realtà, scorrendo la sua produzione, occorre affinare ulteriormente questa collocazione e parlare piuttosto di una ricorrente tematica fortemente intrisa e intrecciata di erotismo al limite della pornografia e di satanismo, con chiara accentuazione di un gusto dell'orrido e del macabro, dove lo sghignazzo della morte è sempre in agguato. Rops si diletta anche a

---

[153] Ron Robbins, *The anal and the analytic*, cit.

oltraggiare il sentimento religioso cristiano, forse nell'intento di scandalizzare la grassa borghesia del suo tempo, e nel contempo dando corpo ai suoi demoni interiori. Non a caso, Rops fu amico del "poeta maledetto" Charles Baudelaire nel suo periodo belga (1864-1866) e per il quale disegnò il frontespizio della raccolta *Les Épaves*. Ad una prima lettura, nel suo cielo di nascita attrae subito l'attenzione una Venere armonicamente svettante al Medio Cielo, punta di un Grande Trigono da essa formato insieme a Nettuno e Saturno. Il pianeta dell'arte e dell'amore è indubbiamente indicativo della sua riconosciuta abilità e versatilità di disegnatore, acquafortista e pittore. Ma l'opera di Rops risente fortemente della stretta quadratura tra Sole e Plutone, con quest'ultimo che opportunamente si trova nella casa VIII, la "sua" casa.

Questo tragico visionario debutta con la farsa. Il suo destino gli chiede di preannunciare la sua personale discesa nei gironi infernali tramite chiassosi saturnali in cui si lascia trascinare il suo spirito di vallone burlone. È il risveglio della grande e terribile risata che serberà fino alle peggiori previsioni delle perversioni dell'essere umano. Fu una sorta di Giovenale mescolato ad Aristofane e Rabelais. Ride allo stesso modo in cui Geremia strepita, con la torturante voluttà d'essere il risultato dell'universale contraddizione tra spirito e carne. Non ci fu nessuno che – munito di uno staffilo più corrosivo, inzuppato di una mistura di fiele, sangue e zolfo – esplorò la piaga dell'umanità che inizia con l'angelo e finisce con la bestia. Ha messo il muso dentro il suo letame: in questo si immerse e sprofondò nelle voragini delle sue salacità. Ricominciava alla sua maniera, una maniera nera, la vermiglia caduta dei dannati di un Rubens, sprofondati negli abissi... Sarà uno degli aspetti del suo satanismo, quello di soffiare sulla follia degli uomini, nei grandi ottoni ammaccati dalle sue percosse, una risata che sa di follia e anche di sofferenza.[154]

---

[154] Camille Lemonnier, *Félicien Rops*, H. Floury, Paris, 1908, p. 11, 12.

Un altro caso è quello di Anna Maria Pierangeli (Cagliari, 19 giugno 1932 alle 17:45). Attrice precoce dotata di grande fascino, esordisce nel 1950 con *Domani è troppo tardi* di Lèonide Moguy; a 19 anni è già a Hollywood a interpretare ruoli , sotto contratto con la MGM. Il suo legame con James Dean è riproposto in *Life*, il film di Anton Corbijn uscito nell'ottobre 2015. La sorella gemella di Anna Maria Pierangeli, Marisa, la ricorda così: «questo suo aspetto angelico, sulla sua espressione pura, e la MGM puntava su questa immagine di purezza, perché a Hollywood era qualcosa di raro, qualcosa che non si era visto spesso. ... Era appassionata. Appassionata e appassionata di tutto, di tutti, pronta a spalancare le braccia a chiunque le facesse un gesto di tenerezza. Ne aveva assai più bisogno di tutti noi. Era così vulnerabile... Non perché non avesse carattere, tutt'altro, ma, gettata nel cinema non riusciva ad aggrapparsi a qualcuno, a stabilire un rapporto (qualsiasi, di amicizia, d' amore), non era capace di fare distinzioni. ... E anche nel caso di Jimmy Dean... Non se ne può più! È come la storia di Kirk Douglas: un flirt, più che un flirt, ma è lui che ha rotto i rapporti per preservare la sua immagine e la famiglia. Jimmy Dean. Si sono incontrati, si sono piaciuti. In un modo profondo, nascosto, si somigliavano molto. E i pubblicitari hanno pensato che la coppia di due vulnerabili funzionava, tanti giovani si identificavano con loro e questo prometteva grandi profitti. Loro avevano avuto un flirt, un'avventura, un po' più che un'avventura... Insomma, si sono piaciuti e si sono amati.[155]»

Due matrimoni, entrambi falliti. Muore a 39 anni per cause non bene accertate, forse per eccesso di barbiturici, forse per shock anafilattico a seguito di un'iniezione sbagliata.

Luna opposta a Plutone, Venere congiunta a Plutone. Plutone in casa VIII.

Ancora un'altra donna, ma quanto diversa dalla precedente! Cristina Lanzoni (Cesena, 13 aprile 1966 alle 00:30). Speleologa. Ha trascorso 270 giorni da sola in un angolo delle grotte di Frasassi, un record mondiale. Uscita dalla grotta, dichiara: «Cosa mi è mancato? Non so, di certo ho imparato a conoscermi meglio, ho riscoperto me stessa. ... Non so spiegarmi i motivi, ma là dentro io che ci sono stata ho ritrovato una profonda spiritualità. È come se avessi vissuto

---

[155] Alvise Sapori, *Pierangeli, una cometa nel cielo di Hollywood*, La Repubblica, 8/1/1992. (consultato il 21/1/2016)

più a lungo, ho guadagnato venti o trent'anni viaggiando dentro me stessa.[156]» Bellissimo esempio di viaggio nelle cimmerie profondità della terra e della psiche. La carta natale di Cristina ci mostra la perfetta congiunzione di Urano e Plutone in casa VIII.

Tiziano Ferro (Latina, 21 febbraio 1980 alle 15:00). Cantante, produttore discografico. Poiché appartengo a una generazione diversa da quella dell'artista, mi sono rivolto a un suo coetaneo, astrologo esperto, per avere un parere qualificato. Ecco la risposta.

«In un'intervista Ferro ha dichiarato "Tutti mi dicono che nonostante il successo io sia rimasto una persona semplice. A prescindere dal successo, io non sono una persona semplice". Effettivamente i suoi testi hanno sempre un sottofondo ermetico, sembrano alludere a qualcosa di nascosto e impalpabile: questo è un aspetto molto plutoniano. Il nascondere e l'esprimere oltre il testuale è un attribuito plutoniano. Il suo brano *Sere nere* ben esprime gli anfratti reconditi della sua anima. Plutone è in IV casa e opposto e Venere: l'arte come manifestazione del proprio vissuto interiore arriva al grande pubblico. L'VIII casa ospita il Sole già di suo artistico, ma complesso, in Pesci: vive di luci ed ombre, per sentirsi vivo ha bisogno di continue trasformazioni. Potrebbe essere un emotivo afflitto da ansie incontrollabili, divoranti e autodistruttive: non a caso ha sofferto di obesità. Spesso è stato parodiato per il suo "mangiarsi le parole", il non farsi capire: chi più di un Plutoniano sa confondere? Le ragazzine impazziscono per lui, lo trovano affascinante e carismatico: ecco l'inafferrabilità del fascino plutoniano. ... Un altro titolo significativo è quello del suo brano "Perverso", canzone dalle velate allusioni erotiche, in pieno stile plutonico. Per un periodo fu al centro dei pettegolezzi dell'ambiente gay perché si diceva fosse attratto da uomini molto pelosi, barbuti e grossi, i cosiddetti "orsi" (anche se lui non lo ha mai confermato): se vera, questa predilezione per uomini vagamente grotteschi e cavernicoli rimanda all'immagine mitologica del burbero Plutone che rapisce Proserpina, ma anche alla figura de *La Bestia* ne *La Bella e la Bestia*.» (Testo e copyright di Alessandro Scrocco)

Sono solitario, permaloso, viscerale, uno che ha sempre dei tormenti in testa, e non va tanto d'accordo con l'esposizione, col successo, con le aspettative. È un mondo interiore che io tengo a bada perché non posso pensare di rovinare tutto quello che ho, che chiaramente mi piace, solo per l'insicurezza o la mancanza di autostima che mi porto dietro. A volte vedo dei colleghi che si godono appieno questo lavoro e li invidio. Mi

---

[156] Simonetta Cotellessa, *Sotto terra il tempo non esiste*, La Repubblica 22/4/1995. (consultato il 19/2/2016)

piacerebbe godermi i bagni di folla, le foto dei paparazzi, che a me non solo non interessano, ma addirittura mi spaventano, perché mi danno la percezione del fatto che questo meccanismo mi sia sfuggito di mano. Volevo fare questo lavoro per farlo bene, per cantare, scrivere canzoni, poi è andato a invadere zone della mia vita che non volevo venissero toccate. (a Gino Castaldo)[157]

Il tema natale di Tiziano Ferro evidenzia l'opposizione Venere-Plutone lungo l'asse Fondo Cielo-Medio Cielo, e la presenza del Sole in casa VIII. Plutone angolare al Fondo Cielo.

Avviciniamoci ora a Charles Baudelaire (Parigi, 9 aprile 1821 alle 15:00). Evidentemente, è pressoché impossibile tracciare in poche righe un esaustivo ritratto astro-psicologico di questo poeta, il cui nome viene associato principalmente a *Les Fleurs du mal*. In realtà, Baudelaire "non è stato solo un grande poeta, ma anche un grande critico e un grande studioso di problemi estetici, forse il più grande del suo tempo. ... Baudelaire ha insistito molto sull'importanza del ruolo dell'intelligenza nella creazione artistica, opponendosi all'ideale romantico dell'inconsapevolezza del genio. Accogliendo e sviluppando alcune suggestioni teoriche di Poe, da lui studiato e tradotto, Baudelaire giunse a formulare un concetto di enorme portata critico-storica: il concetto di «specificità» della poesia.[158]" André Barbault ha commentato per ben tre volte il cielo natale di Baudelaire, e traendone ciascuna volta diversi interessanti spunti di riflessione.[159] La mia proposta di lettura, abbandonando qualsiasi presuntuosa pretesa innovativa, desidera preliminarmente sottoporre all'attenzione del lettore due brani integrali del poeta, a mio avviso sufficientemente significativi per poi risalire ad alcune caratteristiche astrologiche.

Il primo brano è costituito dalla prefazione di Baudelaire al suo famoso libro, *I fiori del male*.

La stoltezza, l'errore, il peccato, la sordidezza, governano gli spiriti nostri e tormentano i nostri corpi, e noi alimentiamo i nostri piacevoli rimorsi, come i mendicanti nutrono i loro insetti schifosi. I nostri peccati

[157] Giorgio dell'Arti, *Catalogo dei viventi 2015* (in preparazione). (consultato il 21/2/2016).

[158] *L'Universale*, Garzanti, Milano, 2003, p. 90.

[159] Si vedano: *l'astrologue* n. 11 (III trimestre 1970) p. 142 e segg.; *Bélier*, Seuil, Paris, 1989, p. 95 e segg.; *L'univers astrologique des quatre éléments*, Éditions Traditionnelles, Paris, 1992, p. 193 e segg.

sono caparbî; i nostri pentimenti, vigliacchi; ci facciamo pagare lautamente le nostre confessioni, e rientriamo festanti nel sentiero limaccioso, credendo lavare tutte le nostre macchie con lagrime vili. Sul guanciale del male è Satana Trismegisto che culla senza posa il nostro spirito incantato, e il ricco metallo della nostra volontà è tutto vaporizzato da questo chimico sapiente. È il Diavolo che tiene i fili che ci muovono! Negli oggetti ripugnanti troviamo delle attrattive: ogni giorno, senza orrore, scendiamo di un passo verso l'Inferno attraverso tenebre mefitiche. Come un libertino povero, che bacia e morde il seno martirizzato d'una vecchia baldracca, noi rubiamo al volo un piacere clandestino che spremiamo con forza come un'arancia avvizzita. Serrato, formicolante, come un milione d'elminti, nei nostri cervelli gozzoviglia un popolo di Demoni, e, quando respiriamo, la Morte, fiume invisibile, scende nei nostri polmoni con sordi lamenti. Se lo stupro, il veleno, il pugnale, l'incendio, non hanno ancora ricamato dei loro vaghi disegni il canovaccio volgare dei nostri miseri destini, è che l'anima nostra, ahimè! non ha bastante ardire. Ma fra gli sciacalli, le pantere, le linci, le scimmie, gli scorpioni, gli avvoltoi, i serpenti, i mostri che guaiscono, urlano, grugniscono, e s'arrampicano nel serraglio infame dei nostri vizî, ve n'è uno più brutto, più maligno, più immondo! E benché non faccia larghi gesti, né getti alte grida, farebbe volentieri della terra una ruina, e in uno sbadiglio inghiottirebbe il mondo; è la Noia! – coll'occhio grave d'un pianto involontario, sogna patiboli, fumando il suo *houka*. Tu lo conosci, lettore, questo mostro delicato, ipocrita lettore! mio simile, mio fratello![160]

Il secondo brano, sempre tratto da *I fiori del male*, è intitolato *Epigrafe per un libro condannato*.

Lettore pacifico e bucolico, sobrio ed ingenuo uomo dabbene, getta questo libro saturnino, orgiastico e malinconico. Se non hai fatto il tuo corso di retorica presso Satana, lo scaltro decano, gettalo! non vi comprenderesti nulla o mi crederesti isterico. Ma se, senza lasciarsi fascinare, l'occhio tuo sa scrutare negli abissi, leggimi per imparare ad amarmi; anima curiosa che soffri e vai cercando il tuo paradiso, compiangimi!... se no, ti maledico!

Il peccato, il sordido, la morte, il diavolo, il sesso mercenario e la sua laidezza, il vizio, mostri ripugnanti, la droga, la melanconia. Sono le parole chiave di un repertorio che il poeta propone al lettore

---

[160] *I fiori del male*, Sonzogno, Milano, 1893. Traduzione di Riccardo Sonzogno. Ho apportato qualche ritocco formale per rendere il linguaggio più agevole per lettore contemporaneo.

123

grazie al ritmo martellante dei suoi versi. E la discesa agli inferi, da cui non s'è speranza di risalita: *ogni giorno, senza orrore, scendiamo di un passo verso l'Inferno attraverso tenebre mefitiche.*

Respiriamo già i miasmi di una putredine da cui non potrà nascere alcun fiore. Eppure, Baudelaire era un così bel giovane, educato e compito, nei suoi vent'anni; non portava ancora sul volto le stigmate della malattia, delle delusioni di una vita tormentata.

Baudelaire a 20 anni. Ritratto di Émile Deroy

Un primo sguardo alla genitura del poeta evidenza subito Plutone nel suo ruolo di "centrale operativa" di un rinnovamento ciclico che coinvolge Sole, Mercurio, Venere, Marte, Giove e Saturno. Certo, è Saturno l'astro più vicino al Sole, ad esso congiunto con solo 2° di scarto. *Spleen et idéal* è il titolo della prima parte de *I fiori del male*. Lo "spleen", il disagio esistenziale, il male oscuro, il malessere senza causa apparente, la melanconia che ti assale all'improvviso e ti trascina verso il basso, ti svuota di tutte le tue energie, ti priva della voglia di vivere. La luttuosa bile nera che ti avvelena pian piano la vita, e che può condurre alla pazzia o al suicidio. Secondo la medicina ippocratica. il temperamento melanconico origina da una pericolosa discrasia che vede lo sbilanciamento degli umori, e successivamente associato anche ai nefasti influssi di Saturno. Dunque Baudelaire, malgrado i suoi 5 pianeti ospitati dal focoso

124

segno dell'Ariete, è un melanconico. E 4 di questi 5 stanno nella casa VIII, qualora l'ora di nascita, chiaramente arrotondata, sia esatta. Il suo gusto dell'orrido viene violentemente scagliato in faccia al lettore con *Una carogna*. Il poeta, dopo essersi dilungato sulla descrizione di una carcassa maleodorante e in decomposizione, casualmente incontrata durante una passeggiata con la sua bella, chiude il componimento con un orrendo paragone:

E pure voi assomiglierete a quella sozzura, a quell'orribile infezione, stella de' miei occhi, sole de la mia vita, voi, mio angelo e mia passione! Sì! tale sarete, o regina delle grazie, dopo gli ultimi sacramenti, quando andrete, sotto l'erba e le fioriture grasse, ad ammuffire fra gli ossami. Allora, o mia bellezza! dite agl'insetti schifosi che vi mangeranno di baci, che io ho serbato la forma e l'essenza divina de' miei decomposti amori!

È stato acutamente osservato che Baudelaire ebbe un triplice visione dell'amore: mistica, libertina e analitica.[161] Nell'ambito del suo aspetto libertino, il poeta gratifica l'inorridito lettore di un chiaro riferimento necrofilo. Tratto da *Una martire*, e riferito al cadavere inerte di una giovane morta, si legge: «L'uomo vendicativo che tu non hai potuto in vita, malgrado tanto amore, saziare, soddisfece egli sulla tua carne inerte e compiacente l'immensità del suo desiderio?»

Tuttavia, a giudizio della psicoanalista freudiana Marie Bonaparte, la sessualità di Baudelaire era "profondamente colorata di sadismo ... tutta la sua opera d'altronde è lì per testimoniare il suo sadismo, un'opera cupa in cui brillano, come gioielli sanguinolenti, poesie chiaramente ispirate sadicamente, come *A quella che è troppo gaia* o *Una martire*.[162]"

Venere e Marte tra loro congiunti, accoppiati a Plutone, spietatamente manifestano, sia pure nella più alta e sublimata forma poetica, tutta la potenza distruttiva di un analità rilasciata.

Difficile parlare di Charles Baudelaire senza riferirsi a Edgar Allan Poe (Boston, Massachusetts, 19 gennaio 1809 verso le 2:00), di cui il poeta francese fu ammiratore e traduttore. Poiché la già citata Marie Bonaparte ha dedicato molto studio a Poe, credo sia utile cedere la parola alla grande psicoanalista.

---

[161] Paul Bourget, *Essais de psychologie contemporaine*, Alphonse Lemerre, Paris, 1883, p. 5 e segg.
[162] Marie Bonaparte, *Deuil, nécrophilie et sadisme*, Revue française de psychanalise, n. 4, 1930-1931, p. 732.

Misteriose affinità, Baudelaire avrebbe detto *concordanze*, in effetti legavano, al di là dell'Atlantico, il Francese e l'Americano, malgrado le differenze esteriori dei loro modi di vita.[163]

Secondo Bonaparte, la vita intera di Poe fu segnata dalla precoce morte per tubercolosi della madre Elisabeth, quando il figlioletto non aveva ancora compiuto i tre anni di età, innescando una necrofilia latente che lo avrebbe accompagnato per tutta la vita e segnato tutta la sua produzione letteraria.

Ecco perché, in virtù di fissazioni profonde regnanti nell'inconscio, e dell'automatismo di ripetizione che successiva-mente li fanno dominare nella nostra vita, Edgar Poe doveva rimanere condannato ad amare appassionatamente donne portatrici di quelle caratteristiche morbose o funebri della sua cara mamma, tanto nella fantasia che nella vita.[164]

A quattordici anni, Poe s'innamora di Jane Stith Craig Stanard, la madre di un compagno di scuola che morirà folle, a trent'anni, l'anno successivo. Qualche anno dopo – Poe ha appena compiuto vent'anni – verrà a mancare Frances Allan, la madre adottiva. Poe successivamente nel 1835 si sposa in segreto con la cugina Virginia Eliza Clemm: lui è ventiseienne, lei una bambina di tredici anni, che si ammalerà di tubercolosi e morirà nel 1847 a 24 anni. Poe s'innamora anche di una mediocre poetessa, Frances Osgood, che morirà anch'essa tubercolotica. Bonaparte raffronta il ritratto di quest'ultima con quello della madre di Poe e nota un certa somiglianza tra le due donne: «gli stessi grandi occhi nel medesimo viso emaciato e, soprattutto, la stessa tubercolosi.[165]» «Tutta la vita di Edgar Poe in effetti trascorse in un eterno lutto. Non per nulla attraversò la vita vestito di nero, come il suo corvo.[166]»

Un poeta allucinato, dedito all'alcol, che muore in stato confusionale a 40 anni per cause mai definitivamente accertate.

Sotto il profilo astrologico, notiamo la congiunzione Luna-Venere-Giove-Plutone in Pesci al Fondo Cielo, potenziata dall'Ascendente in Scorpione. E il Sole che si trova in semi-

---

[163] *Idem*, p. 716
[164] *Idem*, p. 719
[165] *Idem*, p. 725
[166] *Idem*, p. 722

quadratura a Plutone. Un cielo natale in cui l'elemento Acqua è molto presente.

L'epistemologo e filosofo della scienza Gaston Bachelard nel suo *L'eau et les rêves* (trad. it.: *Psicanalisi delle acque*) dedica molto spazio alla poetica acquatica di Poe.

Bachelard, riprendendo l'interessante studio di Marie Bonaparte, ha giustamente individuato in Edgar Allan Poe il poeta disperato del *mare tenebrum*. Questi connette il "colore d'inchiostro" a un'acqua mortuaria, tutta imbevuta dei terrori della notte ... Come dice Bachelard, in Poe l'acqua è "superlativamente mortuaria", è il corrispettivo sostanziale delle tenebre, la "sostanza simbolica della morte".[167]

Quando la casa VIII è piena

Come si vive una casa VIII quando è affollata? Abbiamo appena visto il caso di Charles Baudelaire. Ovviamente non si presenta un'unica modalità, come si vedrà negli esempi che seguono.

Il primo riguarda un regnante, che fu molto potente, sia pure non come suo padre, a cui succedette al trono. Filippo II di Spagna (Valladolid, 21 maggio 1527 alle 16:15). Mi ero già occupato di questo sovrano quando studiai la genitura del nipote, l'imperatore Rodolfo II d'Absburgo, pubblicandola sul mio sito internet (28/1/2008). Non ritengo di dover apportare modifiche a quanto già scrissi a suo tempo, dunque lo riporto di seguito integralmente.

Lo psicoanalista freudiano Johannes Cremerius gli dedica un illuminante saggio da cui traggo tutte le informazioni sulla personalità del sovrano[168]. Filippo è chiuso, melanconico, veste perennemente di nero, trascorre le sue giornate nell'isolamento dell'Escorial vivendo circondato da monaci, pregando e partecipando a funzioni religiose. Dell'enorme edificio, che serve anche da grandioso mausoleo per le salme degli Absburgo, si riserva solo tre stanze: uno studio, una camera da letto e una stanza dedicata alle orazioni. Dorme da solo, mangia da solo. Ascolta ma non parla. Quando lo fa, è con frasi brevi, concise, telegrafiche. Preferisce

---

[167] Gilbert Durand, *Le strutture antropologiche dell'immaginario*, Dedalo, Bari, 2009, p. 108, 109.
[168] *La formazione reattiva nella vita di Filippo II e la sua importanza per il destino della Spagna*. Sta in *Nevrosi e genialità. Biografie psicoanalitiche*, Boringhieri, Torino, 1975.

scrivere lettere, appunti, memoriali, istruzioni, relazioni interminabili: è un grafomane. È testardo, ostinato, pedante, diffidente. A volte freddamente crudele, vendicativo. Sempre controllato e mai spontaneo. "... tollera intorno a sé solo uomini che non mostrino nessun carattere fallico: monaci, sacerdoti e studiosi taciturni. ... L'unico piacere, l'unica qualità pulsionale che il suo ambiente può soddisfare apertamente e senza inibizione, è quella della distruzione. Ai preti è quindi consentito di torturare quelli che professano un'altra fede religiosa, di tormentarli e ucciderli nelle maniere più stravaganti; ai suoi militari è permesso distruggere i nemici nel modo più crudele e devastare le terre conquistate." (Cremerius, 1975, pag. 228, 229). Filippo vive nell'angoscia ed è tormentato da sensi di colpa. Avvicinandosi la fine, "si confessa per tre giorni, ma la lotta dell'uomo tormentato da sentimenti di colpa non trova fine. Filippo rimane agitato e senza pace." (Cremerius, 1975, pag. 223). Filippo reprime duramente qualsiasi vitale manifestazione di gioia e sessualità. "... vede sua moglie quasi solo nelle occasioni ufficiali. Quando si ritira per alcuni giorni nei possedimenti di campagna, isolati, vi si reca senza di lei, anzi non le comunica nemmeno il suo viaggio." (Cremerius, 1975, pag. 219). ... La potente casa VIII si manifesta inoltre in un ossessivo culto dei morti: dopo aver radunato da ogni parte della Spagna le spoglie di padre, madre, fratelli premorti, zia, delle mogli dello stesso Filippo (si sposò ben quattro volte, seppellendo le prime tre spose!), del figlio Don Carlos, della nonna Giovanna la Pazza nonché della di lei sorella Maria, "ogni giorno è dedicato alla venerazione del defunto più importante, il padre." (Cremerius, 1975, pag. 222)

Nella genitura del sovrano osserviamo la presenza di Sole, Mercurio, Venere, Giove e Urano in casa VIII; l'Ascendente cade in Scorpione dove sta Marte in casa I. Il Sole è in sesquiquadratura con Plutone.

Diana Spencer, principessa del Galles (Sandringham, 1 luglio 1961 alle 19:45), Sulla "Principessa triste" prematuramente scomparsa sono stati versati fiumi d'inchiostro, ai quali sarebbe inutile aggiungerne di nuovi. Mi limito qui a richiamare la componente plutoniana della personalità, data dal Sole in sestile a Plutone, Mercurio in sestile a Plutone e Marte congiunto a Plutone, il tutto corroborato dalla presenza di Marte, Urano e Plutone in casa VIII. Sappiamo inoltre che la presenza di Marte e Plutone nel segno della Vergine ne liberano l'analità, che passa da ritenuta a rilasciata. In buona sostanza, c'era uno spirito di ribellione in Diana, che si manifestava nell'insofferenza per il rigido formalismo del protocollo di corte, nel cattivo rapporto con la suocera, la regina Elisabetta, che cercava di evitare il più possibile. E la regina ricambiò la cortesia commentando in questo modo incredibile la notizia della prematura morte di Diana il 31/8/1997: "Qualcuno deve avere ingrassato i freni". Elisabetta ci mise cinque giorni prima di convincersi a rientrare a Londra dalla Scozia dove si trovava in vacanza, e rendere omaggio alla sua memoria. La principessa era anche convinta che la famiglia reale ordisse complotti contro di lei, la facesse sorvegliare dai servizi segreti e ne intercettasse le telefonate.

Stefano Benni (Bologna, 12 agosto 1947 alle 16:05). Scrittore, umorista, giornalista. Il modo migliore per conoscere la personalità di Benni è quello di leggere i suoi scritti, da cui traspare una forte carica ironica, critica, provocatoria, talvolta escrementizia.

«Il pianeta più strano di cui ho sentito raccontare è il pianeta della Sacra Merda. In esso la merda è la più grande ricchezza, la moneta con cui si compra tutto. Gli abitanti non hanno portafogli: ma grossi vasi che portano in giro, e più sono grossi e puzzano e più si vantano. Le banche sono dei giganteschi pozzi neri, guardati a vista da poliziotti e vigilantes. Qua si effettuano i versamenti. Dai più piccoli, alla vecchina che viene a consegnare due palline da coniglio, tutti i suoi risparmi, al commerciante che viene a portare l'incasso della giornata, una carriolona ben odorosa. Naturalmente, nelle case non si dice "vado nel bagno", ma si dice "metto nel salvadanaio".» (*Terrra!*)[169]

«Tra tutti gli animali l'uomo è quello che corre il maggior pericolo di estinzione. Perché mentre noi ci preoccupiamo di proteggere i panda e le foche, i panda e le foche non si preoccupano di proteggere noi, anzi vivamente sperano che ci estinguiamo con tutte le nostre atomiche, pesticidi, defolianti, petroliere e villaggi vacanze.» (*La compagnia dei celestini*)

«È da sempre un bestsellerista "contro", che critica i critici "tromboni", ironizza sugli autori "seri", detesta i premi letterari. È un globale apocalittico, un irriducibile antipresenzialista mai tentato dalle vanità televisive. Ha fama di essere un personaggio inquieto, difficile, scontroso, e soprattutto di non amare le interviste. È vero, ma si rivela anche un signore affabile, un elegante affabulatore, al fondo molto dolce e legato ai suoi affetti» (Luciana Sica)[170].

---

[169] Cfr. il sito wikiquote italiano (consultato il 14/2/2016)
[170] Cfr. il sito cinquantamila.it (consultato il 14/2/2016)

Quando Stefano Benni vide la luce, la casa VIII del suo tema natale ospitava Sole, Mercurio, venere, Saturno e Plutone. Sole in congiunzione a Plutone, Venere congiunta a Plutone, Marte in semiquadratura a Plutone, Giove in quadratura a Plutone, Saturno perfettamente congiunto a Plutone.

Mary McCarthy (Seattle, Washington, 21 giugno 1912 alle 17:00). Scrittrice, critica letteraria. Donna di grande fascino, caustica e tagliente, antesignana del femminismo americano. Sempre combattiva e sempre controcorrente. «McCarthy, nella sua veste di critica letteraria e di romanziera, si fece notare per le sue graffianti satire sul matrimonio, la sessualità, l'impotenza degli intellettuali e il ruolo delle donne nell'America urbana contemporanea.[171]»

La cosa stava diventando preoccupante. Un bel giorno mi resi conto che ero andata a letto con tre uomini diversi nelle ultime ventiquattro ore. E un mattino stavo a letto con qualcuno mentre stavo parlando al telefono con qualcun altro. Non mi sentivo di essere *promiscua*, forse nessuno si sente così. E forse ci sono più ragazze che vanno a letto con più uomini di quanto vi potreste immaginare al guardarle. ... Fui in grado di confrontare l'attrezzatura sessuale dei vari uomini con cui ha fatto l'amore, e c'erano sorprendenti differenze, sia nella lunghezza che nella grandezza. Un bell'uomo, che aveva l'abitudine di presentarsi con due dolci presi da un ottimo forno, era dotato di un pene della misura e dimensioni di una matita; non ne farò il nome. Nella mia esperienza, in genere c'era un rapporto con l'altezza, come confermato dal caso di Philip Rahv e Bill Mangold, entrambi alti. Forse esistono nani dotati di organi mostruosamente grandi, ma non ne ho mai conosciuti. Fu solo più avanti, dopo il mio secondo divorzio, che incontrai un impotente o un pervertito (due di questi ultimi). Il lettore sarà sollevato nel sapere che nessuno dei miei partner era affetto da malattie veneree.[172]

The company she keeps, che è diventato *Gli uomini della sua vita,* è feroce con tutti: l'intellettuale, l'analista, l'amante, il marito, l'imbroglione, l'anfitrione deferente, adulatorio, ansioso di soddisfare gli ospiti, l'uomo con la camicia Brooks Brothers che regala biancheria da glamour girl. Ma soprattutto non perdona nulla, nemmeno un tacco smangiato, un disamore, la prospettiva di una costoletta d'agnello cucinata in solitudine.[173]

---

[171] Cfr. il sito internet dell'Enciclopedia Britannica (consultato il 14/2/2016).
[172] Cfr. wikiquote inglese (consultato il 14/2/2016).
[173] Annalena Benini, *Mary McCarthy, il genio dell'impudenza e "gli uomini della sua vita",* Il Foglio, 4/7/2012. (consultato il 14/2/2016)

Molti astrologi collegano la casa VIII all'attività sessuale e – a parte la prematura esperienza della morte di entrambi i genitori quando Mary aveva solo sei anni – sembra proprio che questo sia stato un motivo ricorrente nella vita della scrittrice. Dimostrando, per altro, di privilegiare il numero e la quantità a danno della qualità dei rapporti. McCarthy nacque con Sole, Mercurio, Venere, Nettuno e Plutone nella casa VIII dell'oroscopo. Sole congiunto a Plutone, Luna in quadratura a Plutone, Mercurio congiunto a Plutone, Venere strettamente congiunta a Plutone, Marte in semiquadratura a Plutone.

Mentre il personaggio Virgil Oldman collezionava quadri, e Mary McCarthy collezionava uomini, Georges Simenon (Liège, 13 febbraio 1903 alle 00:10) collezionava rapporti sessuali, pare 10.000, di cui 8.000 con prostitute, come ebbe a dichiarare all'amico Federico Fellini. È stato osservato che «L'indomabile appetito sessuale di Simenon nascondeva quell'altrettanto insopprimibile desiderio di "conoscenza" e di "contatto" con il mondo femminile così difficile da appagare in modo diverso: come l'alcool ed il fumo servivano a placare le angosce del suo vivere quotidiano, così il sesso sopiva il suo invincibile bisogno di unione con l'universo femminile.[174]» Una persona senz'altro dotata di un'enorme creatività: lo attesta la sua formidabile produzione letteraria composta da centinaia di romanzi, novelle, articoli, scritti anche sotto decine di pseudonimi. Famosissimo per i suoi romanzi polizieschi e per il suo personaggio forse più conosciuto in Italia, il commissario Maigret. Un uomo metodico, che scriveva seguendo un ben preciso rituale quotidiano. Fu molto provato dalla morte della figlia Marie-Jo, suicidatasi a 25 anni.

Un sommario sguardo al cielo natale di Simenon ci mostra: Sole in trigono a Plutone, Mercurio in sesquiquadratura a Plutone, Venere in quadratura a Plutone, Marte in stretto trigono a Plutone, con quest'ultimo che si trova in casa VIII, in compagnia di Nettuno. All'oriente, sorgeva il segno dello Scorpione.

Emanuela Pierantozzi (Bologna, 22 agosto 1968 alle 17:10). Campionessa mondiale di judo, poi datasi alla scultura e all'insegnamento universitario. Considerata la scarsità di notizie disponibili sulla personalità e sulla vita privata di questa atleta

---

[174] Gabriele Protomastro, *Simenon fu irriducibile Casanova ma fece il vuoto tra le sue donne*, L'Occidentale, 13/9/2009. (consultato il 15/2/2016)

straordinaria, è giocoforza ricondursi ai brani di qualche rara intervista.

«*Domanda*: Lei pratica uno sport dove occorrono una buona dose di aggressività e di durezza... è così anche nella vita?

Risposta: Sono una dura sul tatami poi proprio per il fatto che canalizzo molto la mia aggressività in quello che è l'attività sportiva, fuori sono una persona molto più tranquilla della media.[175]»

«La mia ricerca nel campo dell'arte è, in questo senso, molto simile al mio stile di vita: una lunga, costante esplorazione dentro me stessa, che non si vede, ma che si sente dentro e fuori. ... In gara io riuscivo ad avvertire lo stato d'animo della mia avversaria semplicemente afferrando il suo judogi: paura, nervosismo, sicurezza di sé, sentivo queste sensazioni e ne traevo vantaggio. È per questo motivo che mi esprimo così bene nella scultura, perché è una forma di arte fisica. Si tratta, secondo me, di una forma di empatia, che anche ogni buon insegnante dovrebbe avere.

Domanda: Anno 2005: chi è Emanuela Pierantozzi? Una docente accademica, una Maestra di judo o un'artista?

Risposta: Un'artista, senza dubbio. Come ti ho già detto, mi sentivo tale anche quando gareggiavo. ... Io amo l'arte perché apre la mente, crea nuovi spazi, ed è per tutti: e, soprattutto, deve essere mostrata a tutti. Senza bisogno di urlare, o, peggio, di violentare.[176]»

Una guerriera si è quindi trasformata in artista o, forse, Emanuela è sempre stata un'artista che si è trovata a percorrere inizialmente la via del guerriero. Il vero praticante delle arti marziali, nel corso degli allenamenti e dei combattimenti, si confronta continuamente con l'idea della morte, è inevitabile. È un guerriero che si muove e si batte contro l'avversario, nello spirito di chi deve superare una prova letale. Il cielo natale di Emanuela espone un formidabile affollamento della casa VIII dell'oroscopo: Sole, Mercurio, Venere, Giove, Urano e Plutone.

James van Praagh (Queens, New York, 23 agosto 1958 alle 16:18). Chiaroveggente, medium che afferma di potersi mettere in collegamento con i defunti e riceverne i messaggi. Riscuote un enorme successo negli Stati Uniti: ha scritto molti libri, vendendo centinaia di miglia di copie, ha partecipato a show televisivi di grandissimo ascolto, tra cui il Larry King, e in seguito è diventato a sua volta produttore di un programma televisivo. Guadagna milioni

---

[175] Profilodonna, settembre 2002.
[176] Alessandro Fiumetti, *La ragazza dal Kimono d'oro*. (consultato il 14/2/2016)

di dollari all'anno. Ovviamente, questo personaggio è molto controverso: i "fideisti" si fronteggiano con gli "scettici", e probabilmente ciascuna delle due fazioni ha le sue buone ragioni. Se van Praagh sia o non sia autenticamente in rapporto con i defunti non riveste nessuna importanza ai fini di questo commento astrologico. Il mondo del paranormale è troppo variegato e complesso per potere essere ingabbiato in poche righe che riguardano poi un singolo soggetto, per quanto famoso, come lo è questo.

Resta il fatto che, tradizionalmente, la casa VIII ha a che fare – tra l'altro – anche con la morte. Ciò che conta è che, lavorando con i defunti, van Praagh è diventato un professionista di successo. L'oroscopo infatti evidenzia la casa VIII popolata da cinque pianeti: Sole, Mercurio, Venere, Urano e Plutone. Il Sole è strettamente congiunto a Plutone, la Luna sta in trigono a Plutone, Mercurio è congiunto a Plutone, Giove è in sestile a Plutone. Indubbiamente, la congiunzione Giove-Nettuno altissima al Medio Cielo funge da carta vincente in questa genitura.

Fernando Pessoa (Lisbona, 13 giugno 1888 alle 15:20). Poeta, traduttore, scrittore, considerato il più grande della letteratura portoghese del XX secolo. Astrologo esperto, "poeta-alchimista, appassionato di Cabala, e profondo conoscitore della tradizione teosofica e occultista.[177]"

Il modo migliore per accostarsi a questo straordinario personaggio è quello di lasciar parlare la sua unica opera di narrativa, *Il libro dell'inquietudine*, rinvenuto nel suo baule dei 27.543 documenti, moltissimi dei quali ancora inediti. È un diario scritto sotto il nome di Bernardo Soares, definito dallo stesso Pessoa un semi-eteronimo "perché pur non essendo la sua personalità la mia, dalla mia non è diversa, ma ne è una semplice mutilazione: sono io senza il raziocinio e l'affettività.[178]» Pessoa aveva infatti creato nel tempo degli "eteronimi", ossia altre personalità complete, diverse dalla sua, dotate di luogo, data e ora di nascita, e di cui aveva tracciato le carte del cielo. Gli eteronimi di Pessoa erano diventati a loro volta traduttori, saggisti, poeti, filosofi, prosatori. Si è tentato di stilare un elenco di tali eteronimi – al momento qualche decina –

---

[177] Silvano Peloso, *Fernando Pessoa poeta della complessità*. Sta in Fernando Pessoa, *Pagine esoteriche*, Adelphi, edizione digitale 2014. Peloso afferma inoltre che "Pessoa non rinuncia mai a mettere in scena la sua follia, il suo misticismo o la sua medianità."
[178] Fernando Pessoa, *Il libro dell'inquietudine*, Feltrinelli, Milano, 1999, p. 8.

sicuramente ancora incompleto: il censimento delle carte lasciate dallo scrittore è tuttora in corso.

In una lettera scritta ad Adolfo Casais Monteiro datata 13/1/1935, dunque pochi mesi prima di morire, Pessoa dà una spiegazione riguardo i suoi eteronimi.

Passo ora a rispondere alla sua domanda sulla genesi dei miei eteronimi. Vediamo se riesco a risponderle in maniera completa. Comincio dalla parte psichiatrica. L'origine dei miei eteronimi è il profondo tratto di isteria che c'è in me. Non so se sono semplicemente isterico o se non sono, più propriamente, isterico-nevrastenico. Propendo per questa seconda ipotesi perché si dànno in me fenomeni di abulia che l'isteria propriamente detta non annovera tra i suoi sintomi. Sia come sia, l'origine mentale dei miei eteronimi risiede nella mia tendenza organica e costante alla spersonalizzazione e alla simulazione. Questi fenomeni, fortunatamente per me e per gli altri, si sono mentalizzati in me, voglio dire che non si manifestano nella mia vita pratica esteriore e di contatto con gli altri. Esplodono verso l'interno, e io li vivo nella mia solitudine. Se io fossi una donna – nella donna i fenomeni isterici si manifestano in attacchi e cose simili –, ogni poesia di Álvaro de Campos (la parte più istericamente isterica di me) sarebbe un allarme per il vicinato. Ma io sono un uomo, e negli uomini l'isteria assume principalmente aspetti mentali; così tutto finisce nel silenzio e nella poesia...

Di tanto in tanto si avverte tuttavia quasi uno smarrimento dello scrittore di fronte a questa coabitazione. «Se penso, tutto mi sembra assurdo; se sento, tutto mi sembra strano; se voglio, è qualcosa in me che vuole. Ogni volta che in me c'è azione, mi accorgo che non sono stato io. Se sogno, mi sembra di essere scritto. Se sento, mi sembra di essere dipinto. Se voglio, mi sembra di essere collocato in un veicolo come mercanzia da spedire, e di andare con un movimento che credo mio, verso dove non ho voluto andare se non dopo esserci stato.» (*Il libro dell'inquietudine*, p. 154) Gli eteronimi avevano forse assunto un'autonomia di azione insospettata, tale da preoccupare il loro creatore? «Mi sono accorto spesso che certi personaggi di romanzo per noi acquistano un rilievo che mai potrebbero raggiungere i nostri amici e conoscenti, coloro che ci parlano e che ci ascoltano nella vita visibile e reale.» (*Il libro dell'inquietudine*, p. 154).

Nel suo *Ricordi, sogni, riflessioni* C. G. Jung racconta di aver fatto un sogno in cui vedeva uno yogi in meditazione, seduto nella posizione del loto. Avvicinandosi, si spaventò vedendo che aveva la sua stessa faccia. Al risveglio, il Maestro svizzero pensò: «"Ah, ah, allora è lui quello che mi sta meditando. Ha un sogno, e io sono quel sogno." Sapevo che quando egli si fosse svegliato, non sarei più "esistito".[179]» Trovo davvero sorprendente che un simile dubbio abbia attraversato anche la mente di Pessoa: «non so se esisto, sento che è possibile che io sia un sogno di qualcun altro, immagino quasi carnalmente che potrei essere il personaggio di una novella...» (*Il libro dell'inquietudine*, p. 153). Qua e là, tra le righe di questa autobiografia di una persona inesistente, di questo signor Bernardo Soares che non assurge nemmeno alla dignità di un eteronimo perfettamente compiuto, Fernando Pessoa ci comunica tracce di un doloroso percorso di autoconoscenza, forse frutto di una via iniziatica. Abbiamo infatti notizia, da una nota autobiografica, munita di firma autografa, della sua posizione iniziatica: «Iniziato, per comunicazione diretta del Maestro al Discepolo, nei tre gradi minori dello (apparentemente estinto) Ordine Templare del Portogallo.[180]» Scrive dunque il poeta: «Ho sofferto l'umiliazione di conoscere me stesso. E siccome questo calvario è privo di nobiltà e di resurrezione qualche giorno dopo, non mi è restato che soffrirne l'infamia.» (*Il libro dell'inquietudine*, p. 175). «Conoscersi è errare, e l'oracolo che disse "conosci te stesso" propose una fatica più grande di quelle di Ercole e un enigma più oscuro di quello della Sfinge.» (*Il libro dell'inquietudine*, p. 267). Ma chi osa e s'avventura avrà infine una grande ricompensa: «Perciò io conosco totalmente me stesso e, attraverso questa totale conoscenza, io conosco perfettamente l'umanità.» (*Il libro dell'inquietudine*, p. 223). E intravediamo l'atteggiamento etico di questo gigante, perché, per quanto sia impervia e lunga la via «L'uomo di giusta sensibilità e di integra ragione, quando è preoccupato per il male e per l'ingiustizia del mondo cerca naturalmente di correggerli, specialmente dove il male e l'ingiustizia sono più vicini a lui. Vale a dire dentro se stesso. E questa è un'impresa che occupa la vita intera.» (*Il libro dell'inquietudine*, p. 219).

Un uomo che rifiutava di farsi fotografare e che visse una vita molto appartata, quasi nell'ombra. Una mente geniale, racchiusa in un corpo inadeguato a sostenere il consumo degli 80 sigari

---

[179] Carl Gustav Jung, *Ricordi sogni riflessioni*, Rizzoli, Milano, 1979, p. 381.
[180] Cfr. Wikipedia italiano.

quotidiani e dell'alcol che ne provocò la cirrosi epatica, malattia che lo portò alla tomba all'età di 47 anni.

Il tema natale del poeta espone la presenza di tre pianeti nella casa VIII: Sole, Venere e Plutone. La Luna è in sestile a Plutone, Giove in opposizione. L'ascendente cade nel segno dello Scorpione.

Sam Peckinpah (Fresno, California, 21 febbraio 1925 alle 14:15). Regista, sceneggiatore. «I film di Peckinpah in genere hanno per oggetto i conflitti di ideali e valori nonché la corruzione esercitata dalla violenza nella società. Gli fu affibbiato il nomignolo di "Sam il sanguinario" per via della violenza delle sue pellicole. I personaggi sono spesso dei solitari o dei perdenti che aspirerebbero a essere persone d'onore, ma che sono costretti a scendere a compromessi per sopravvivere in un mondo fatto di brutalità e nichilismo. La combattiva personalità di Peckinpah, segnata da anni di droga e alcol, ha bollato la sua attività professionale. ... Peckinpah fu dedito all'alcol per gran parte della sua vita adulta, e successivamente anche alla droga. Secondo alcuni, soffrì di disturbi mentali, forse di disordine bipolare o di paranoia.[181]» Al di là delle talvolta inaffidabili letture di Wikipedia, conviene ascoltare la diretta voce dell'interessato. «Ora, si sente parlare un sacco della violenza in *Cane di paglia* e in qualche altro mio film, come se quella violenza contribuisse ad accrescere la violenza della nostra società. Il punto è che la violenza dentro di noi, tutti noi, dev'essere espressa in modo costruttivo, o ci distruggerà. Credo grandemente nella catarsi. ... Tutti noi intellettualizziamo il perché dovremmo fare certe cose, ma poi sono i nostri istinti puramente animaleschi che ci spingono sempre a farle.[182]»

Peckinpah è riuscito a esprimere la sua istintualità profonda nella vita e nel cinema, spesso in modo grandemente creativo e talvolta in modo distruttivo, senza risparmiarsi, come attesta la sua fine in età non avanzata. Morì all'età di 59 anni, quando il suo scorpionico Saturno "il Falcifero", al suo secondo ritorno, gli chiese il rendiconto della sua vita "senza indugio o altri ritardi" sferrando colpi su colpi ai suoi pianeti in casa VIII.

Alla nascita, Plutone stava nei pressi dell'Ascendente, e l'VIII era gravida di 4 pianeti: Sole, Luna, Mercurio e Venere.

---

[181] Cfr. Wikipedia inglese (consultato il 21/2/2016).
[182] *Sam Peckinpah: interviews*, Kevin J. Hayes (ed.), University press of Mississippi, Jackson, 2008, p. 102, 104.

George Grosz, nato Georg Ehrenfried Groß (Berlino, 26 luglio 1893 alle 17:00). Disegnatore, pittore, caricaturista. Fondatore del movimento Dada insieme a Otto Dix. Artista satirico, caustico e ribelle, antimilitarista, i suoi schizzi rappresentano la Berlino del dopo I Guerra mondiale degenerata, dominata da politici corrotti, preti, poliziotti e militari, piena di mutilati, di gente alla fame, prostitute a ogni angolo di strada. Spartachista, poi comunista, in seguito nemmeno quello. Fortemente antinazista, appena fiuta la situazione politica con un Hitler in procinto di impadronirsi del potere, emigra permanentemente negli Stati Uniti nel gennaio 1933, appena in tempo per salvarsi la vita. La sua produzione infatti verrà considerata "arte degenerata" e messa al bando. «Nella sua opera grafica e pittorica, che costituisce indubbiamente il più drammatico documento della crisi morale del primo dopoguerra, si mescolano il macabro, il grottesco, l'atroce, l'osceno con l'intento di esprimere il disgusto per il militarismo, per i capitalisti, quali responsabili dei massacri, per la chiesa e per la borghesia.[183]» Grosz dipinse anche un certo numero di quadri a carattere erotico, se non addirittura pornografico, convenientemente ignorati dalla critica, di cui ne riporto alcuni. Era affascinato dall'androginia, e disegnava volentieri donne dotate di un pene gigantesco. Il curatore di una mostra del 2008 a Berlino, dedicata all'erotismo del pittore, scrive: «Grosz, nella sua opera tarda a carattere erotico, concentra la sua attenzione sul trauma. Il tema del "complesso di castrazione" lo porta a rappresentare donne androgine. Lavora sull'ambivalenza – nota in campo psicologico – del concetto di "paura-piacere" o "amore-odio", e lo aumenta fino al massimo del suo volume, per poi mitigare lo "shock dell'osservatore" con la formazione di un feticcio. Disegna un gran numero di immagini pornografiche e nell'America puritana cresce il rifiuto dei "pornografi di sinistra". All'inizio dell'era maccartista nel 1948 Grosz deve riconoscere sempre più che la sua vita negli USA "è naufragata". Nei primi anni '50 sprofonda nel "pessimismo e spesso in terribili depressioni", che affoga nell'alcol negli ultimi anni di vita.[184]»

---

[183] Treccani.it (consultato il 16/2/2016).
[184] Joachim Leipski, *George Grosz und die Erotik*, Usb art consult, Berlin, 2008, p. 2.

L'oroscopo dell'artista ci mostra 4 pianeti in casa VIII: Sole, Mercurio, Venere e Marte. La congiunzione Nettuno-Plutone sta al Discendente.

§§§

Se l'interpretazione di una tema natale ordinariamente presenta difficoltà interpretative talvolta insormontabili, a maggior ragione esse s'ingigantiscono allorché ci si avvicina ai grandi artisti, poiché l'interprete – oltre all'indispensabile preparazione tecnica e a un buon corredo intuitivo – deve essere dotato di quella sensibilità, predisposizione e amore verso l'arte che lo rende idoneo a sintonizzarsi con l'opera dell'interpretato, e con lo spirito del suo tempo. È questo – tra gli altri – il caso del pittore e scultore Alberto Giacometti (Stampa, Grigioni, Svizzera, 10 ottobre 1901 alle 1:00), pittore, scultore svizzero. Certamente, la famiglia di Giacometti costituì un humus propizio al dispiegarsi delle sue naturali inclinazioni: "il padre era artista, un cugino (Augusto Giacometti) anche. Il pittore Cuno Amiet era il padrino di Alberto, Ferdinand Hodler era il padrino di Bruno, il fratello minore di Alberto. Segantini era stato grande amico di Giovanni.[185]" Malgrado l'infanzia felice trascorsa in un ambiente armonico, l'artista fu ben presto assillato da una psiche tormentata. Il *Dizionario storico della svizzera*, così riassume la sua opera: «Le sue preoccupazioni artistiche erano incentrate sostanzialmente sulla rappresentazione dell'uomo nella sua tormentata condizione esistenziale.[186]» Ecco un significativo ricordo autobiografico:

… ricordo che sempre in quel periodo, per mesi interi, non riuscivo a prendere sonno la sera se prima non immaginavo di aver attraversato, al crepuscolo una fitta foresta e di esser giunto sino a un castello grigio che si ergeva nel luogo più nascosto e sconosciuto. Lì uccidevo, senza che potessero difendersi, due uomini, l'uno dei quali, di diciassett'anni circa, mi appariva sempre esangue e atterrito, mentre l'atro indossava un'armatura sul cui lato sinistro qualcosa brillava come oro. Violentavo, dopo aver loro strappato le vesti, due donne, una di trentadue anni, tutta in nero, dalla figura d'alabastro, e poi la figlia, attorno a cui ondeggiavano

---

[185] Ivan Paterlini, Daniele Ribola, *Sguardo sulle psicodinamiche del gesto creativo*, Persiani, Bologna, 2013, p. 191.
[186] Voce Giacometti Alberto, di Elisabeth Ellenberger (consultato il 1/2/2016).

veli bianchi. L'intera foresta risuonava delle loro grida e dei loro gemiti. Uccidevo anche loro (ma molto lentamente; a quell'ora era gia scesa la notte) spesso accanto a uno stagno dalle acque verdi e putride, che si trovava davanti al castello. Ogni volta con leggere varianti. Per finire, davo fuoco al castello e soddisfatto, m'addormentavo.[187]

Le vicende amorose di Giacometti furono caratterizzate da una scissione tra lato erotico e lato affettivo che per tutta la vita gli riuscì impossibile conciliare in un'unica persona. Frequentava regolarmente i bordelli e soffriva d'impotenza. "L'ossessione della morte, che da un lato diventa sintomo (dopo la morte di T., Giacometti afferma di non essere riuscito a dormire una sola notte senza la luce accesa), dall'altro lato viene trasformato in opera d'arte, in ricerca ossessiva, quasi perversa, sulla natura dello sguardo.[188]"

Il tema natale dell'artista evidenzia le seguenti caratteristiche salienti: Sole in trigono a Plutone, Luna in quadratura a Plutone, Mercurio, Venere e Marte in Scorpione (questi ultimi due in perfetta congiunzione).

Plutone menzognero (e magari ipocrita e istrione)

Tra i disturbi della personalità contemplati dal DSM 5 (Manuale diagnostico e statistico dei disturbi mentali) compaiono: "disturbo antisociale", "disturbo istrionico" e "disturbo narcisistico". Tra i criteri espressamente contemplati per emettere una diagnosi di "disturbo antisociale" è espressamente prevista la "falsità, indicata da un comportamento ripetutamente menzognero, l'uso di nomi falsi, truffare gli altri al fine di conseguire un vantaggio personale o per il proprio piacere." Il "disturbo istrionico della personalità" non contempla espressamente la menzogna, tuttavia è implicata nei criteri diagnostici, come pure in quelli del "disturbo narcisistico". La buona riuscita di un comportamento menzognero si basa su indubbie capacità manipolative e una buona dose di sangue freddo, ovvero il controllo delle proprie emozioni. Un truffatore esperto che voglia accalappiare la sua vittima in genere dovrà essere in grado non solo di mentire reiteratamente in modo convincente: dovrà anche disporre

---

[187] Ivan Paterlini, Daniele Ribola, *Sguardo sulle psicodinamiche del gesto creativo*, p. 193, 194.
[188] *Idem*, p. 222.

di un fine intuito psicologico, in modo da essere capace di attrarre l'attenzione e mantenerla focalizzata su di sé, nell'intima convinzione di essere più furbo di chi si accinge a truffare.

Lo scrittore e sceneggiatore Luigi Malerba (Berceto, 11 novembre 1927 alle 5:00) ha scritto *Il serpente*, un romanzo imperniato sulla menzogna. «Sperimentare il valore della *menzogna* come *topos* narrativo; scandagliare le profondità a cui inevitabilmente tende una coscienza volenterosamente in errore; rivelare lo sberleffo del riso sardonico insito nell'alveo del falso d'autore, spacciato per realtà che si dispiega davanti allo sguardo del lettore...[189]» «In romanzi e prose vivacemente sperimentali ha prediletto le invenzioni satirico-grottesche, spinte fino all'assurdo.[190]» Umberto Eco individua in Malerba un autore del postmoderno letterario, maestro del *double coding*, ossia della doppia lettura di un testo, che crea sconcerto nel lettore e lascia la trama aperta a molteplici possibilità interpretative. Scrive Eco: «Certamente questa tecnica rende la storia ancora più ambigua perché tutti questi svelamenti della fonte sono segnali di veridicità o di verisimiglianza, e intervengono pertanto a confondere ancora più le idee in una storia che continuamente si dichiara intessuta di menzogna.[191]»

Luigi Malerba nacque sotto il segno dello Scorpione, che ospita una triplice congiunzione Sole-Mercurio-Marte in trigono a Plutone, non molto distante dal Medio Cielo.

Erich von Stroheim (in realtà Erich Oswald Stroheim) nato a Vienna il 22 settembre 1885 alle 8:47. Attore, regista, produttore, bugiardo. «Figlio di un modesto cappellaio ebreo di origini prussiane, S. trascorse l'intera sua esistenza all'insegna dell'eccesso e della grandiosità, a partire dal racconto delle sue origini con cui riuscì a ingannare per anni critici, spettatori e amici affermando di chiamarsi Erich Oswald Carl Marie Stroheim von Nordenwald, e di essere il figlio di un colonnello del Reggimento dei dragoni e di una dama di corte dell'imperatrice Elisabetta d'Austria...[192]» Geminello Alvi riporta alcune considerazioni del grande regista francese Jean Renoir su Stroheim: «Mi pare utile insistere sulla sua ingenuità. Il

---

[189] Cfr. il sito internet Italia libri (consultato il 9/2/2016).
[190] *L'Universale, Letteratura*, Vol. I, Milano, 2003, p. 617.
[191] Umberto Eco, *Luigi Malerba visto da Eco. La geniale arte della menzogna.* La Repubblica, 8/10/2009. (consultato il 10/2/2016)
[192] Grazia Paganelli, Enciclopedia del Cinema. (consultato il 9/2/2016)

personaggio ideale che egli si sforzava di imitare avrebbe potuto essere il frutto dell'immaginazione di un ragazzino di dodici anni. ... Avrebbe voluto somigliare al marchese de Sade. Sognava lussi sfrenati, donne perverse, flagellazioni, eccessi sessuali, baccanali e grandi bevute.[193]»

Al momento della nascita di Stroheim, il Sole era in trigono con Plutone, e la Luna in quadratura, mentre anche Urano, Venere e Marte giocavano la loro parte.

Veronica Panarello (Caltagirone, 1 novembre 1988 alle 2:45). Accusata di avere ucciso il figlioletto Loris, ha una vita difficile alle spalle. Tenta due volte il suicidio, afferma anche di avere subìto abusi sessuali, tuttavia mai comprovati. La madre di Veronica dichiara che la figlia soffre di manie di persecuzione, e che si era inventata addirittura un rapimento. Veronica intrattiene un rapporto difficile anche con la sorella Antonella, secondo quanto dice quest'ultima. Quando viene interrogata dal magistrato inquirente, fornisce versione dei fatti sempre diverse. Il Tribunale del riesame di Catania, nel respingere la richiesta di scarcerazione motiva così la conferma degli arresti: «una capacità elaborativa di una pronta strategia manipolatoria», «insospettabile tenuta psicologica», «il giudizio di elevatissima capacità criminale», «Con agghiacciante indifferenza, ha agito da lucidissima assassina manifestando una pronta reazione al delitto di cui si è resa responsabile» «volontà di organizzare l'apparente rapimento del figlio Loris»[194]. La sua ultima versione del delitto (risalente alla data del 12/2/2016) tira in ballo il suocero, che lei ora indica come il vero assassino[195].

La genitura di Veronica Panarello mostra una stretta congiunzione Sole-Plutone nel segno dello Scorpione, e una dura congiunzione Saturno-Urano al Fondo Cielo, perfetta al grado.

Plutone e la politica

Molti politici italiani evidenziano una forte presenza di Plutone nelle loro geniture. Lascio alla libera interpretazione del lettore se in casi sporadici ciò possa essere anche indizio di comportamento

---

[193] Geminello Alvi, *Eccentrici*, Adelphi, Milano, 2015, p. 115.
[194] La Stampa 2/2/2015 (consultato il 12/2/2016)
[195] Rai news (consultato il 12/2/2016)

menzognero. Certamente non tutti i bugiardi sono politici, e non tutti i politici sono bugiardi.

Ma come definire la politica? La definizione più amata e più citata dagli stessi uomini politici riprende quella datane dal grande statista Otto von Bismarck, secondo cui "la politica è l'arte del possibile". Il concetto richiama alla mente la ricerca di equilibrio e i compromessi per raggiungere l'equilibrio, un gioco che comporta movimenti di avanzamento e di ritirata, di *do ut des*, per arrivare a una situazione che non sarà mai totalmente soddisfacente per ciascuna parte della trattativa, ma che comunque rappresenta la miglior soluzione possibile nelle circostanze date. È istintivo associare queste caratteristiche al segno zodiacale della Bilancia e a Venere che lo governa. Orbene, l'oroscopo di Bismarck espone per l'appunto Venere-Toro altissima al Medio Cielo, insieme ad altre caratteristiche su cui qui non è necessario dilungarsi (pur se presenta anche una congiunzione Mercurio-Plutone in casa VIII).

Tale è la nobile definizione proposta dallo statista tedesco, molto diversa da quella attribuita a Rino Formica (Bari, 1 marzo 1927, sconosciuta l'ora) secondo il quale "la politica è sangue e merda". Risuona in questa non già la mite presenza di Venere, sebbene quella del lurido Plutone. Infatti, nessuno si sorprenderà più di tanto nel ritrovamento di una perfetta congiunzione Sole-Giove in trigono a Plutone nella genitura di Formica. La cosa mi ha indotto a prendere in esame gli oroscopi di una piccola serie di uomini politici italiani la cui azione ha in un modo o nell'altro lasciato un segno nelle vicende nazionali, o per la notorietà da essi raggiunta o per i ruoli ricoperti nei rispettivi partiti o nelle istituzioni repubblicane.

Iniziamo con l'unico vero statista che l'Italia abbia avuto dal dopoguerra a oggi, e cioè il democristiano Alcide De Gasperi (Pieve Tesino, 3 aprile 1881 alle 4:00). De Gasperi prese in mano le sorti del nostro Paese distrutto dalla guerra, devastato materialmente e moralmente da una sanguinosa guerra civile, negoziò la pace, lo conservò nella sfera occidentale, ottenne generosi aiuti economici dall'America, trovò un compromesso con l'Austria per la questione altoatesina, solo per delineare alcuni risultati della sua forte azione.

Evidentemente per ottenere tutto ciò occorreva la tempra di un Ariete con Marte all'Ascendente, coadiuvato da un Plutone molto presente nel suo cielo di nascita: Sole in semiquadratura a Plutone, Luna congiunta a Plutone, Venere congiunta a Plutone e Marte in quadratura a Plutone.

142

Il contraltare e maggior avversario politico di De Gasperi nacque anch'egli sotto il segno dell'Ariete: Palmiro Togliatti (Genova, 26 marzo 1893 alle 00:10), capo indiscusso del Partito comunista italiano, detto "Il migliore", e da qualcuno ancor oggi rimpianto. Il fiuto di Togliatti, la sua astuzia, la sua capacità di sopravvivenza fisica e politica durante il periodo trascorso nell'Unione Sovietica degli anni '30 del secolo scorso, quando bastava poco per soccombere alle periodiche purghe staliniane, la sua capacità di mediazione tra opposte tendenze nel suo stesso partito, il suo acume e buon senso all'indomani dell'attentato che mise in pericolo la sua vita, e altri comportamenti ancora, lo qualificano come un cavallo di razza. È stato demonizzato, come fu del resto fu demonizzato De Gasperi; erano tempi duri e la passione politica che infiammava gli italiani nel dopoguerra scaldava gli animi fino a renderli incandescenti.

La genitura di Togliatti è caratterizzata da un'opposizione Mercurio-Saturno lungo l'asse Fondo Cielo-Medio Cielo, tuttavia anche Plutone fa sentire la sua presenza: Sole in sestile a Plutone, Marte congiunto a Plutone, Saturno in trigono a Plutone. Una curiosità di stampo plutoniano: Togliatti era alquanto superstizioso, e tutte le mattine, prima di uscire di casa, consultava i Tarocchi e si faceva le carte.[196]

De Gasperi era un uomo integerrimo, ma fece anche scelte sbagliate, com'è inevitabile. Ad esempio, gratificò della sua fiducia Giulio Andreotti (Roma, 14 gennaio 1919 alle 7:00) che pure aveva valutato "capace di tutto." Con il determinante avvento di Andreotti sulla scena politica, in Italia inizia un stagione oscura, di trame, di veleni, di intimidazioni e ricatti, di morti sospette. Sarebbe eccessivo affermare che questo politico ne fosse spesso implicato e tuttavia, come gli piaceva affermare con le sue battute ironiche, "a pensar male degli altri si fa peccato, ma spesso ci si indovina." Ha attraversato imperterrito la scena politica del '900, è sopravvissuto a tutto. "Considero il sopravvivere una grazia di Dio" disse. Un uomo di potere, gli viene attribuita – a torto o a ragione – il famoso aforisma "il potere logora chi non ce l'ha". Si potrebbe continuare molto a lungo, nel tentativo di dipingere la personalità di quest'uomo freddo, inemotivo, cinico, controllato, impenetrabile.

---

[196] Filippo Ceccarelli, *Quel rito segreto di Togliatti. Ogni mattina leggeva i Tarocchi.* La Repubblica, 21/10/2006.

Osserviamo brevemente che questo doppio Capricorno (segno solare e Ascendente) esponeva alla nascita la congiunzione Giove-Plutone angolare al Discendente, corroborata da una congiunzione Luna-Plutone. Sì, paziente lettore, è tutto qui.

Nell'immediato dopoguerra, accanto a De Gasperi e Togliatti, vediamo affacciarsi sulla scena anche Giorgio Almirante (Salsomaggiore Terme, 27 giugno 1914 alle 9:40). Un altro politico di razza, schierato però sull'opposta sponda. Fonda nel 1946 il Movimento Sociale Italiano, raccoglie i resti della Repubblica Sociale Italiana e quindi del fascismo, li riorganizza e riesce a farli partecipare alla vita politica e parlamentare. Era dotato di grande capacità oratoria. Anche Almirante fece l'errore di scegliersi un delfino inadatto al compito.

Sole congiunto a Plutone, assistito dal sestile di Marte all'Ascendente.

Un comprimario della sinistra italiana, accanto a Togliatti, fu Pietro Nenni (Faenza, 8 febbraio 1891 alle 7:00). L'errore di Pietro Nenni fu quello di aggregarsi strettamente al Partito comunista italiano, quasi in posizione subordinata rispetto a quet'ultimo, malgrado la nobile tradizione umanitaria del suo partito, inaugurando la stagione del "frontismo" la cui conseguenza fu la "scissione di palazzo Barberini" e conseguente nascita del Partito socialista dei lavoratori italiani sotto la guida di Giuseppe Saragat. Si allontanò dai comunisti dopo l'invasione sovietica dell'Ungheria del 1956. Giorgio Napolitano, che – al contrario – aveva sostenuto la linea sovietica di brutale repressione, riconobbe che Nenni in quella circostanza aveva avuto ragione. In fin dei conti, si potrebbe considerare Pietro Nenni un utopista, come dimostra anche la sua instancabile attività di pacifista.

Bella figura di Acquario, alla nascita vediamo la stretta congiunzione Nettuno-Plutone al Fondo Cielo, ben sostenuta dalla Luna che ad essa lancia un trigono dall'Ascendente, e rafforzata da Marte che si pone egualmente in sestile, tanto a Nettuno quanto a Plutone.

Antonio Segni (Sassari, 2 febbraio 1891 alle 9:00), giurista, politico cattolico della prima ora. Dopo avere ricoperto svariati incarichi di governo, viene eletto Presidente della Repubblica il 6/5/1962, ma non riuscirà a portare a termine il suo settennato, a causa di una trombosi che lo lascerà paralizzato il 7/8/1964. Dopo l'elezione alla massima carica dello Stato, Segni sviluppa un carattere apprensivo e circolano voci di accordi segreti per fronteggiare paventate emergenze di ordine pubblico (il "piano Solo" che coinvolgeva l'Arma dei Carabinieri, guidata dal generale De Lorenzo).

Il Sole si trovava in trigono a Plutone, e Marte in perfetto sestile a ques'ultimo, quando Antonio Segni vide la luce.

Anche Sandro Pertini, poi diventato un Presidente della Repubblica molto popolare e amato, è della generazione di Nenni, essendo nato a Stella il 25 settembre 1896 alle 17:00. Antifascista e partigiano, valoroso combattente della I guerra mondiale, decorato con medaglia d'argento al valor militare. Una lunga e onorata carriera politica di persona caratterizzata da specchiata onestà.

Condivide con Nenni la congiunzione Nettuno-Plutone al Fondo Cielo, rinforzata dalla stretta vicinanza di Marte. In questa genitura entra in gioco anche Giove esattamente congiunto al Discendente.

Tornando ai politici di provata fede comunista, che lavorarono fianco a fianco con Togliatti, sono da menzionare Luigi Longo, Carlo Pajetta e Pietro Ingrao. Osserviamoli, uno alla volta.

Luigi Longo (Fubine Monferrato, 15 marzo 1900 alle 15:00). Capo militare e politico della Resistenza, successore di Togliatti alla guida del Partito comunista italiano.

Il cielo di nascita è assai dissonante, contraddistinto da un Grande Quadrato che coinvolge i segni mobili, Pesci-Vergine-Gemelli-Sagittario. Luna in quadratura a Plutone, Marte in quadratura a Plutone, Giove e Urano opposti a Plutone.

Giancarlo Pajetta (Torino, 24 giugno 1911 alle 8:00). Antifascista, partigiano, dirigente del P.C.I. Fu arrestato all'età di 16 anni per propaganda comunista e scontò due anni di carcere. «Nella sua prima esperienza carceraria egli mostrò alcuni tratti del carattere che non lo avrebbero più abbandonato: un coraggio al limite della spavalderia, un forte senso della famiglia e una visione positiva della vita.[197]» Nuovamente arrestato nel 1933, viene liberato solo dieci anni dopo, dopo la caduta di Mussolini. Fu giornalista con forte carica polemica, e oratore assai dotato. Visse il comunismo come un atto di fede.

Alla nascita di Pajetta, il Sole e Mercurio erano congiunti a Plutone, Giove lanciava un trigono a Plutone. Marte-Ariete vicino al Medio Cielo ci metteva del suo.

---

[197] Franco Andreucci, Treccani.it (consultato il 10/2/2016).

Pietro Ingrao (Lesola, 30 marzo 1915 alle 10:15). Antifascista, partigiano, scrittore, politico, appassionato di cinema. Ha riscosso e meritato rispetto per la sua coerenza e statura morale. «Sul perché del fascino esercitato da Pietro Ingrao, in stagioni diverse, su tanta parte della sinistra italiana, si sono interrogati in parecchi, anche molto lontani dalla sua parte. Gli estimatori hanno posto l'accento soprattutto sulla passione politica, sulla tensione intellettuale, sulla fibra morale: tutte qualità incontestabili dell'uomo. Gli avversari, sulla fumosità dell'analisi, della proposta e, conseguentemente, del linguaggio; sull'astrattezza, sulla vocazione alla sconfitta: tutti vizi ben radicati nella sinistra. Ingrao, magari, non ne sarà tanto lieto. Ma forse la spiegazione più azzeccata è quella che diede Indro Montanelli, quando il vecchio Pietro si oppose alla "svolta" di Achille Occhetto e diede battaglia in nome di un comunismo che per lui restava al tempo stesso un "grumo di vissuto" di tutta una comunità e un insopprimibile "orizzonte". Scriveva Montanelli: "Ha un volto rincagnito e parla con un plumbeo accento ciociaro. Eppure non si può guardare senza provare per lui un profondo rispetto. Ciò che dice può essere sbagliato, ma il suo è un dramma autentico, senza nulla di recitato, anzi contenuto nei toni più sommessi: il dramma di un uomo che, messo alla scelta tra una carriera e una bandiera, sta con la bandiera, pur ridotta a un brandello". Il comunismo cui Ingrao non intende proprio rinunciare è, né più né meno, lo "stare dalla parte degli sfruttati".[198]»

Nasce sotto la dura e potente congiunzione Saturno-Plutone incollata sull'Ascendente. La triplice congiunzione Mercurio-Giove-Marte è altissima al Medio Cielo (considero la congiunzione Marte-Giove un aspetto particolarmente benefico, un grande deposito di energie e vitalità). Un altro splendido esemplare di Ariete da combattimento.

Giovanni Leone (Napoli, 3 novembre 1908 alle 00:30. Giurista, parlamentare, cattedratico. Eletto Presidente della Repubblica il 24/12/1971, nell'estate del 1978 fu costretto alle dimissioni per via di una campagna di stampa lanciata dal settimanale *L'Espresso*, e dell'accanimento della giornalista Camilla Cederna che scrisse un pamphlet velenoso di grande successo intitolato *Giovanni Leone: la carriera di un presidente*. Fu accusato di corruzione, accusa successivamente rivelatasi infondata. Ma intanto la carriera politica

[198] Cinquantamila.it (consultato il 10/2/2016)

di Leone fu spezzata e irrimediabilmente compromessa. Assunse sovente alcuni atteggiamenti da macchietta:

Passa per un uomo *super partes* e la sua fama di conservatore basta e avanza a mettere la sordina ai dissensi, dovuti essenzialmente alla sua ostentata, quasi sfacciata napoletanità: scongiuri e "corna" ad ogni pie' sospinto, sfrenate tarantelle e cantate di *O' Sole mio* anche in cerimonie ufficiali, intemperanze non proprio protocollari allo stadio San Paolo quando gioca il Napoli, e un'inflessione dialettale quasi molesta.[199]

Plutone-Gemelli è la punto di un Grande trigono in segni d'Aria formato da Luna e Mercurio; inoltre, Plutone è molto stimolato da altri aspetti, tra cui spicca una sesquiquadratura con Marte.

È singolare che la caduta di Giovanni Leone sia sostanzialmente riconducibile all'attività di Camilla Cederna, il cui cielo natale evidenzia un'opposizione tra Marte-Sagittario e Plutone-Gemelli nell'asse casa I-casa VII.

Oscar Luigi Scalfaro (Novara, 9 settembre 1918 alle 8:30). Un politico che ha attraversato indenne il XX secolo, issandosi alla vetta della presidenza della Repubblica. Bacchettone al limite del clericalismo; leggiamo: «non s'è persa occasione per sottolineare come il nome di Oscar venisse da "Os" (Dio) e "geirr" (lancia), per sorridere delle enormi sciarpe bianche portate come fossero la stola di un prete, per ricordare i suoi saggi titolati *Il Pio transito di Francesco* o *Il valore del Rosario*, per riesumare antiche fissazioni bigotte quali la scelta di bloccare l'invio a Cannes (allora il giovanotto era sottosegretario allo Spettacolo) di un capolavoro come *L'oro di Napoli* (*1954 – ndr*) o il celebre schiaffo mollato al ristorante Chiarina alla troppo scollacciata Edith Mingoni Toussan: "Le ordino di rimettersi il bolero!" (*era una caldissima giornata del luglio 1950 – ndr*).[200]»

È stato fortemente criticato per il suo interventismo nel suo ruolo di Presidente della repubblica, se non addirittura per ingerenza nell'attività governativa. Secondo l'editorialista Sergio Romano «Scalfaro non ha mai assecondato il processo di evoluzione del sistema politico italiano. Anzi, si è "messo di traverso", rifiutando di sciogliere le Camere sia all'inizio del 1995 sia nel 1998, dopo la crisi

---

[199] Marco Travaglio, *Colle, gli 11 presidenti. Leone, il giurista incompreso che faceva le corna*. Il Fatto quotidiano 15/4/2013. (consultato il 10/2/2016).
[200] Cinquantamila.it (consultato il 10/2/2016)

del governo Prodi. E così facendo ha rimesso indietro l'orologio della riforma costituzionale.[201]»

Nell'oroscopo di Scalfaro, la congiunzione Giove-Plutone, sostenuta da un trigono lanciato da un aggressivo Marte-Scorpione, la fa da padrona al Medio Cielo.

Aldo Moro (Maglie, 23 settembre 1916 alle 9:00), politico, cavallo di razza della Democrazia cristiana, giurista. Cattolico, abile e instancabile mediatore tra le correnti del suo partito. Poco prima del rapimento, ipotizzò l'apporto del P.C.I. a un governo di solidarietà nazionale. Sequestrato il 16 marzo 1978, fu ucciso dalle brigate rosse dopo 55 giorni di prigionia.

Quando nacque, il Sole formava una quadratura con Plutone, e Marte in Scorpione gli lanciava un trigono.

Giorgio Napolitano (Napoli, 29 giugno 1925 alle 5:30). Politico di razza, ora Presidente emerito della Repubblica, è sopravvissuto a ogni temperie politica, riuscendo a salire alle più alte carico del suo partito e a diventare il primo Capo dello Stato proveniente dal partito comunista. Sole congiunto a Plutone (quest'ultimo all'Ascendente). Giove opposto a Plutone lungo l'asse Ascendente-Discendente. Ho rilevato in altre geniture la potenza di questa opposizione sull'asse in questione (solo per fare un esempio, si veda il cielo natale di Costanzo Ciano, nato a Livorno il 30 agosto 1876 alle 22:00).

Enrico Berlinguer (Sassari, 25 maggio 1922 alle 3:00). Figura carismatica e segretario del P.C.I.

... nessun altro dirigente del vecchio Pci (che pure ne ha avuti tanti, e carismatici, a cominciare dallo stesso Togliatti) ha potuto conquistare una dimensione "universale" nella coscienza degli italiani, come quella consolidatasi intorno a Berlinguer. L'immagine conta, e alla indicata dimensione ha contribuito anzitutto l'espressività e il "taglio" del suo volto, scevro da ogni prolissità, un volto intagliato, collocato su un corpo esile, il tutto capace di restituire la realtà – filtrata attraverso l'immagine – di un asceta politico (quale ossimoro!), una persona che appariva protesa a caricarsi dei dolori e delle sofferenze del mondo, e magari a cercare di darvi risposta, mi verrebbe da dire, con tutto se stesso. Era, questo velocemente descritto, un tratto austero (parola fatale, vedremo) che Berlinguer riusciva ad addolcire con una vena di ironia che qualche volta sembrava rivolta anche su se stesso, e quell'aspetto esile e un po' sofferente si risolveva, per gli altri, in una personalità certo introversa e

---

[201] *idem*

magari un po' cupa, ma intima, familiare, addolcita; unico, in questo senso, tra i "grandi" del PCI. Per accennare a un solo confronto, Togliatti era carismatico ma lontano; la piccola figura di Berlinguer è entrata nell'immaginario di milioni di italiani (molti niente affatto "comunisti") per una sorta di rispetto affettuoso cui la sua sola persona spingeva, e nessuno si sorprese quando Roberto Benigni lo prese tra le braccia e lo tenne per qualche istante sollevato da terra.[202]

In una storica intervista rilasciata a Eugenio Scalfari, apparsa su *La Repubblica* del 28/7/1981, Berlinguer rilancia con forza il problema della "questione morale". Scalfari domanda: "Lei ha detto varie volte che la questione morale oggi è al centro della questione italiana. Perché?" Berlinguer rispose come segue: «La questione morale non si esaurisce nel fatto che, essendoci dei ladri, dei corrotti, dei concussori in alte sfere della politica e dell'amministrazione, bisogna scovarli, bisogna denunciarli e bisogna metterli in galera. La questione morale, nell'Italia d'oggi, fa tutt'uno con l'occupazione dello stato da parte dei partiti governativi e delle loro correnti, fa tutt'uno con la guerra per bande, fa tutt'uno con la concezione della politica e con i metodi di governo di costoro, che vanno semplicemente abbandonati e superati. Ecco perché dico che la questione morale è il centro del problema italiano.»

I tratti somatici e caratteriali di Berlinguer come sopra descritti risentono indubbiamente del trigono tra Sole-Gemelli e Saturno-Bilancia; notiamo però anche la forte presenza di Plutone angolare al Fondo Cielo, per cui non è azzardato classificare questa genitura a dominante mista Saturno-Plutone.

Bettino Craxi (Milano, 24 febbraio 1934 alle 5:30). Fu il primo Presidente del consiglio proveniente dal glorioso Partito socialista. Svecchiò il partito e lo rivoltò come un calzino, cambiandone anche il simbolo in un garofano rosso. Grande lavoratore, intelligente, spregiudicato, carattere fumantino, si impadronì del P.S.I. facendolo diventare – malgrado solo il 9% dei voti alle elezioni politiche – il partito chiave della Repubblica, completamente sganciato politicamente e culturalmente dal più forte P.C.I. Fu travolto da Tangentopoli e costretto all'esilio, onusto di condanne per finanziamento illecito ai partiti. Muore ad Hammamet, in Tunisia, il 19/1/2000.

---

[202] Bigio De Giovanni, *Berlinguer ha vinto o è stato sconfitto?* L'Unità.tv 20/10/2015. (consultato il 11/2/2016).

Indubbiamente il cielo natale di Craxi è più sbilanciato verso Nettuno, tuttavia notiamo la forza di un Plutone al Discendente, fortificato dal trigono lanciato da Marte.

Sergio Mattarella (Palermo, 23 luglio 1941 alle 11:40). Giurista, cattedratico, deputato democristiano, più volte ministro, eletto Presidente della Repubblica il 31/1/2015. Fortemente segnato dalla morte del fratello Piersanti, presidente dell'Assemblea siciliana, assassinato dalla mafia il 6/1/1980. «Era ancora vivo, respirava ancora il Presidente della Regione Piersanti Mattarella quando suo fratello Sergio lo stava tirando fuori dalla berlina scura dove era rimasto schiacciato qualche istante prima da otto pallottole. Era ancora vivo quando lui cercava di prenderlo per le spalle e gli sorreggeva il capo mentre la moglie Irma gli spingeva le gambe, spingeva e spingeva senza sentire più il dolore per quelle dita spezzate da uno dei proiettili.[203]»

I commentatori politici non hanno avuto parole gentili per Mattarella appena eletto Presidente.

Eccone alcune, tutte tratte da Giorgio dell'Arti, *Catalogo dei viventi 2015* (in preparazione)[204]: «Pio, schivo, incapace di sorriso» (Giancarlo Perna); «Grigio, invisibile» (Massimiliano Scafi); «Dolente e creativo» (Francesco Merlo); «Mite fino a quasi ad apparire fragile» (Fabrizio Roncone); «Mediatore per natura e vocazione politica» (Dino Pesole); «Sembra uno in bianco e nero degli anni '60» (Mario Ajello); «Un monaco» (Silvio Berlusconi).»

Uno dei pochi apprezzamenti è il seguente:

«Avete presente Renzi? Bene, Mattarella è il suo esatto contrario. È uno che ama il grigio, evita le telecamere, parla a bassa voce e coltiva le virtù della pacatezza, dell'equilibrio e della prudenza. Ma sotto quel vestito grigio e dietro quei modi felpati c'è un uomo con la schiena dritta» (Sebastiano Messina).

La genitura del Presidente Mattarella sembra conciliarsi poco con l'immagine trasmessa dalla stampa italiana, come sopra riportata, e dalle telecamere dei telegiornali. Intanto, la prima cosa che visivamente colpisce l'occhio dell'osservatore è l'angolarità ravvicinata di Mercurio al Medio Cielo in quadratura quasi perfetta con Marte-Ariete angolare al Discendente. Ci aspetteremmo un

---

[203] Attilio Bolzoni, *Mattarella, quegli otto colpi che cambiarono la vita tranquilla del professore*, La Repubblica, 31/1/2015 (consultato il 11/2/2016).
[204] Cinquantamila.it (consultato il 11/2/2015)

eloquio polemico e provocatorio, una personalità aggressiva: nulla più lontano dal vero. Inoltre, il Sole-Leone lancia unicamente aspetti positivi a Saturno, Urano e Nettuno. Anche qui, la letteratura astrologica non esiterebbe a sottolineare una personalità decisamente "solare" e magari pure un *Io* un tantino ingombrante, se non ipertrofico. Anche qui, nulla più lontano dal vero. Quando l'osservazione del reale si discosta dalla teoria, è sempre la realtà che prevale. La mia chiave di lettura – e, si badi bene, non un goffo tentativo di fare quadrare il cerchio *a posteriori* – riposa sulla prevalente azione della congiunzione Sole-Plutone. Il Sole è oscurato da Plutone, e assume le caratteristiche psicologiche più di un *Super-Io* freudianamente inteso che di un ideale dell'*Io*, centro e fulcro della coscienza. Sarebbe importante conoscere le circostanze di vita dell'infanzia e della relazione con il padre, per stabilire se l'ipotesi possa trovare conferma nei fatti intercorsi quando la personalità di Sergio Mattarella era in formazione. Non c'è per altro dubbio che i quattro pianeti nella casa X dell'oroscopo segnalino in ogni caso un'eccellente riuscita professionale, mentre la stretta congiunzione Sole-Plutone sia in qualche modo collegata con la cultura di morte siciliana, dove la politica si è spesso fatta per mezzo dell'eliminazione fisica dell'avversario, a colpi di arma da fuoco.

François Mitterrand (Jarnac, 26 ottobre 1916 alle 4:00). Statista, la cui attività presenta luci e ombre non facilmente né univocamente decifrabili, e su cui gli storici dovranno pronunciarsi quando lo scorrere del tempo avrà contribuito ad abbandonare i pregiudizi pro e contro questa figura, a tratti enigmatica e contraddittoria. Collaborazionista del regime di Vichy o infiltrato della costituenda Resistenza francese? Probabilmente tutti e due. L'attentato di cui fu vittima il 15/10/1959 fu reale o concordato, per uscire dall'isolamento politico, essendo Mitterrand rimasto senza partito, per via del bruciante rifiuto alla sua iscrizione da parte della dirigenza del Parti Socialiste Autonome? Resta il fatto che gli fu tolta l'immunità parlamentare e fu posto sotto processo per oltraggio alla magistratura, reato poi successivamente amnistiato. Perché prese le pubblicamente le parti del generale Salan (fervente nazionalista, capo dell'OAS – organizzazione terroristica che rifiutava l'idea di un'Algeria indipendente), subendo perciò le critiche della sinistra, che lo accusò di aver ficcato in naso in un regolamento di conti interno alla destra? Riesce a navigare con perizia nei complessi meandri della politica francese e nel maggio 1981 viene eletto

Presidente della Repubblica. Nel novembre dello stesso anno gli viene diagnosticato un tumore alla prostata; non solo continua a esercitare il mandato presidenziale fino al 1988, la fine del primo settennio, ma – seppur malato – tiene segreta l'infermità, si ripresenta per un secondo mandato e viene nuovamente eletto. Fa mantenere e proteggere a spese dello stato la sua seconda famiglia, composta dall'amante e dalla figlia adulterina; è coinvolto in diversi scandali, promuove la cosiddetta "dottrina Mitterrand" in virtù della quale numerosi terroristi italiani, condannati in contumacia, anche per reati di sangue, con sentenze definitive passate in giudicato (come, solo per fare un esempio, Cesare Battisti), trovarono per parecchi anni un dorato rifugio in Francia. Un uomo ambiguo e indecifrabile, con gli ultimi due anni del secondo mandato scossi anche dal suicidio del suo primo ministro Pierre Bérégovoy (marzo 1993) e François de Grossouvre (aprile 1994). Quest'ultimo, in particolare, uomo di fiducia del Presidente e depositario di dossier riservatissimi, viene trovato morto nel suo ufficio dentro l'Eliseo. Il cielo di nascita di de Grossouvre (Vienne, 29 marzo 1918 alle 2:00) evidenzia una stretta quadratura tra il Sole e Plutone, con Plutone angolare al Discendente. È stata da più parti ventilata l'ipotesi che sia stato assassinato. Oltre alla collaborazione con il governo di Vichy, a Mitterrand fu contestata la frequentazione con René Bousquet, responsabile della deportazione di migliaia di ebrei francesi. «Freddo, subdolo, diffidente, perentorio, sprezzante, sardonico, implacabile. La chiave della sua longevità politica fu l'ambivalenza che gli faceva osservare il mondo alla luce di antitesi tipicamente galliche: ogni verità è incardinata nel suo opposto, ciascuna persona poteva dimostrarsi tanto malvagia quanto virtuosa, ogni situazione poteva presentare occasioni d'oro o trappole mortali.[205]»

Il tema natale di Mitterrand espone un significativo stretto trigono tra Sole-Scorpione e Plutone, con Plutone assiso al Medio Cielo.

Sergio Cofferati (Sesto ed Uniti, 30 gennaio 1948 alle 17:00). Sindacalista, politico. Diploma di perito industriale. Ha sempre svolto solo quelle attività, analogamente al suo rivale Fausto Bertinotti (anch'egli perito industriale, però con diploma ottenuto

---

[205] Richard Davenport-Hines, *Mitterrand: a study in ambiguity*, The Telegraph, 25/10/2013 (consultato il 20/2/2016).

con tre anni di ritardo, per via di bocciature), su cui mi soffermerò in seguito. Cofferati è stato soprannominato "il Cinese" forse perché appare sempre controllato, imperturbabile, impenetrabile. Di umili origini, ha scalato tutta la gerarchia sindacale fino a diventare capo della CGIL, il maggior sindacato italiano. Nel 2004 fu paracadutato candidato sindaco alle elezioni amministrative di Bologna nelle liste dei Democratici di sinistra (DS), e vince le elezioni nella città dove nel 2002 era stato assassinato il giuslavorista Marco Biagi, che aveva più volte sollecitato di essere protetto da una scorta per via delle minacce ricevute. «In un email a Stefano Parisi di Confindustria, Biagi invece scrisse: "Non vorrei che le minacce di Cofferati (riferitemi da persona assolutamente attendibile) nei miei confronti venissero strumentalizzate da qualche criminale.[206]"» Da un certo punto in avanti, sindaco quasi part time per via di un nuovo legame affettivo con una persona di Genova, dalla quale ha avuto un figlio e per la quale ha divorziato dalla prima moglie che lo rese padre per la prima volta quando aveva 24 anni.

«Sul giudizio su Cofferati sindaco a Bologna potete chiedere a qualunque bolognese, c'è unanimità: fu sostanzialmente assente per quasi tutto il mandato – una specie di strana parentesi nella vita della città, ora chiusa e dimenticata senza lasciare traccia – e specialmente alla fine, quando per sue vicende familiari tornò a stare a Genova annunciando un anno prima (ma lo si diceva già da un pezzo) che non si sarebbe ricandidato a Bologna perché avrebbe voluto stare di più con la sua nuova famiglia e con il suo nuovo figlio a Genova. Data la latitanza come sindaco, a Bologna nessuno si offese più di tanto, e nel resto del paese la scelta umana ottenne anzi solidarietà e apprezzamenti, oggi facile oggetto di sorrisi.[207]» Dal giugno 2009 è parlamentare europeo, rieletto nel 2014. «Gli toccherà dunque restare nell'esilio dorato di Bruxelles per il secondo mandato da parlamentare europeo. Proprio qui emerge la vena indolente, il destino di promessa mancata. Nei palazzi del potere continentale Cofferati latita. È evanescente. Le iniziative prese dalla rielezione in poi si contano sulle dita di due mani: 4 interventi in seduta plenaria, 1 parere in quanto relatore, 5 interrogazioni parlamentari nessuna delle quali porta il suo nome come primo firmatario. L'uomo che nel marzo 2002 trascinò tre milioni di italiani al Circo Massimo di Roma

---

[206] Cfr Wikipedia italiano (consultato il 22/2/2016).
[207] Luca Sofri, *Cosa non va con Cofferati*, 6/11/2014 (consultato il 22/2/2016).

contro l'articolo 18 ora va a rimorchio dei colleghi.[208]» Un uomo di potere che ha avuto un grande seguito, ora gradito ospite di talk show televisivi, tutto sommato una persona di successo.

L'oroscopo radix ci mostra la dura congiunzione Saturno-Plutone in I casa, il Sole opposto a Plutone, Luna in sestile a Plutone, Plutone all'Ascendente.

Fausto Bertinotti (Milano, 22 marzo 1940 alle 15:40). Sindacalista, politico. Consegue tardivamente il diploma di perito industriale. Di umile famiglia, scala gerarchie sindacali e di partito, fino a diventare segretario di Rifondazione comunista. Nel 2006 è eletto Presidente della Camera dei deputati. Il suo momento di maggior gloria fu quando per un solo voto fece cadere il governo Prodi nell'ottobre 1998. Il giornalista e scrittore Giampaolo Pansa lo definì *Parolaio rosso*. Ultimamente nuovamente assurto agli onori della cronaca per avere ereditato mezzo milione di euro da Mario D'Urso, banchiere della banca d'affari Lehman Brothers e senatore della Repubblica. Considerato uno snob e assiduo frequentatore dei salotti romani, Bertinotti ebbe a dichiarare testualmente: «La forma dello snobismo è di certo un modo per ricostruire un rapporto di massa sull'autenticità, in un'epoca nella quale la parossistica spettacolarizzazione porta alla totale inautenticità, nel rumore ormai assordante di una politica mendace. Il nostro è un piccolo atto, che non dev'essere assorbito da quel rumore fastidioso.[209]» Il giornalista (ora direttore de *Il fatto quotidiano*) Marco Travaglio scrisse di Bertinotti: «Bertinotti, già segretario della Federazione operai tessili, già segretario della Cgil Piemonte, per 2 anni presidente della Camera e tuttora presidente della Fondazione Camera dei Deputati, già segretario di Rifondazione Comunista per 13 anni, già deputato per quattro legislature, già ospite dello yacht di Vittorio Cecchi Gori per le vacanze estive a Salina con Valeria Marini [...], già primatista mondiale delle ospitate a Porta a Porta nel salotto dell'amico Bruno, già ospite fisso del salotto della signora Maria Angiolillo, già protagonista della caduta del governo Prodi I (in nome della leggendaria battaglia sulle 35 ore) e coprotagonista della caduta del Prodi II, dunque due volte corresponsabile e del ritorno di Al Tappone a Palazzo Chigi, [...] già protagonista della disfatta della

[208] Stefano Filippi, *Il Giornale*, 19/1/2015. (consultato il 22/2/2016).
[209] Antonello Caporale, *La Repubblica*, 18/9/1993.
La Repubblica, 18/9/1993 (consultato il 22/2/2016)

sinistra ridotta ai minimi storici alle ultime elezioni (memorabile la conferenza stampa-funerale convocata all'Hard Rock Cafè di Via Veneto in Roma, affollatissimo di operai delle presse), già teorizzatore dell'abolizione della proprietà privata, già seguace dello psicoguru Massimo Fagioli, già titolare del quarto più alto reddito di Montecitorio con 213.195 euro nel 2006, ha scritto che Romano Prodi – cioè l'unico esponente del centrosinistra che sia riuscito a battere Berlusconi due volte su due, nonostante Bertinotti – è "uno spregiudicato uomo di potere", simbolo dello "smacco complessivo del centrosinistra". Prodi.[210]»

Un personaggio ciarliero e mondano il cui contegno si discosta anni luce da quello austero della vecchia guardia comunista a cui egli afferma di volersi ispirare.

L'oroscopo di nascita di Bertinotti espone un bel trigono tra Sole e Plutone, con il Sole collocato in casa VIII. Il tutto assistito da una notevole triplice congiunzione Venere-Marte-Urano incollata al Medio Cielo.

I segreti di Plutone

Sarebbe fin troppo facile associare Plutone ai servizi segreti, allo spionaggio e controspionaggio, e in genere alle attività svolte sotto copertura. Non desidero lasciare il lettore a bocca asciutta, dopo averlo allettato con un invitante titolo di capitolo, quindi volentieri menziono qualche nome, con l'avvertenza che lascio agli interessati l'onere dell'approfondimento di biografie e circostanze. Altro è l'obbiettivo che intendo perseguire, come si vedrà.

Georges Bidault (Moulins, 6 ottobre 1899 alle 15:00). Importante uomo politico, partecipa alla Resistenza, successivamente si oppone all'indipendenza algerina e si unisce all'OAS, organizzazione terroristica segreta. Ha 4 pianeti in casa VIII, la triplice congiunzione Sole-Mercurio-Venere sta in trigono a Plutone.

Walter Schellenberg (Saarbrücken, 16 gennaio 1910 alle 22:00). Capo del controspionaggio tedesco durante la II Guerra mondiale, risponde del suo operato solo a Heinrich Himmler. Promosso generale delle SS. Al processo di Norimberga, testimonia contro i gerarchi nazisti e se la cava con una lieve condanna. Venere in

---

[210] Cfr. wikiquote italiano (consultato il 22/2/2016).

trigono a Plutone, Marte-VIII in sestile a Plutone, Plutone al Medio Cielo.

François de Grossouvre (Vienne, 29 marzo 1918 alle 2:00), infiltrato, agente segreto durante la II Guerra mondiale. Capo della Gladio in Francia (operazione *stay behind* inquadrata dalla NATO per combattere un'eventuale invasione da parte del blocco sovietico). Come s'è visto, consigliere di François Mitterand, che gli affida dossier segreti, riguardanti alcuni paesi arabi e mediorientali. Muore suicida (?). Il cielo di nascita ci mostra evidenzia una stretta quadratura tra il Sole e Plutone, con Plutone angolare al Discendente.

Reinhard Heydrich (Halle, 7 marzo 1904 alle 10:30). Capo di tutti i servizi di sicurezza del Reich. Crudele, spietato, organizza la famigerata "Notte dei cristalli" in Germania del novembre 1938 e conseguente distruzione di negozi e attività gestite dagli ebrei. Responsabile della deportazione e sterminio di innumerevoli ebrei nei territori occupati della Boemia e Moravia. Muore a seguito delle ferite riportate nel corso di un attentato della Resistenza cecoslovacca a Praga il 27 maggio 1941.

Sole in quadratura a Plutone, Venere in trigono a Plutone.

E ora, una mite segretaria che non ha mai fatto male nemmeno a una mosca, che si è guadagnata il pane lavorando per tutta una vita, un'impiegata di assoluta fiducia che, proprio per la sua fedeltà, ha sofferto la carcerazione preventiva all'epoca del periodo cosiddetto "mani pulite". Si tratta di Vincenza Tomaselli, detta Enza (Milano, 1 ottobre 1937 alle 00:45). Fu segretaria di Bettino Craxi, con cui lavorò fianco a fianco per 32 anni di seguito. Non tradì mai il minimo segreto del suo capo, non parlò. È morta il 13/1/2015, portandosi dietro tutto ciò che sapeva, né volle mai dire.

Aveva Plutone incollato all'Ascendente.

Tornano appropriate le parole di una canzone, a suo tempo molto ben cantata da Ornella Vanoni.

Ma mi, ma mi, ma mi,
quaranta dì, quaranta nott,
A San Vittur a ciapaa i bott,
dormì de can, pien de malann!...
Ma mi, ma mi, ma mi,
quaranta dì, quaranta nott,

156

sbattuu de su, sbattuu de giò:
mi sont de quei che parlen no!
El Commissari 'na mattina
el me manda a ciamà lì per lì:
"Noi siamo qui, non sente alcun –
el me diseva 'sto brutt terrun!
El me diseva – i tuoi compari
nui li pigliasse senza di te...
ma se parlasse ti firmo accà
il tuo condono: la libertà!
Fesso sì tu se resti contento
d'essere solo chiuso qua ddentro..."

Marte congiunto a Plutone – Plutone all'Ascendente

Wernher von Braun (Wyrzysk, odierna Polonia, 23 marzo 1912 alle 9:15). Scienziato nazista, arruolato nelle SS, padre dei razzi V-2 e in seguito al servizio della NASA americana. Discendente di un'antica famiglia nobiliare, mostrò un precoce interesse per i viaggi nello spazio. Nel 1937 diventa responsabile del laboratorio di ricerca, poi diventata fabbrica di missili, di Peenemünde. In quella circostanza vennero impiegati lavoratori-schiavi del campo di concentramento di Dora che operavano in condizioni disumane; il tasso di mortalità era elevatissimo. Di bell'aspetto, incontrava grande successo presso le donne, che frequentava assiduamente. Una circostanziata, recente biografia ne mette in rilievo il lato ambiguo, opportunistico e oscuro di questa personalità.[211] Nel suo tema natale salta subito all'occhio la congiunzione Marte-Plutone all'Ascendente, corroborata dalla quadratura Sole-Plutone.

Edgar Morin (Parigi, 8 luglio 1921 alle 4:00). Sociologo e filosofo, entra presto nel partito comunista, partecipa alla Resistenza. Successivamente ne prende le distanze e viene espulso. Indi si occupa di "riforma del pensiero" e "pensiero della complessità". Ancora intellettualmente attivo, ultimamente si occupa di educazione scolastica. Autore di numerose pubblicazioni, una sintesi del suo ultimo pensiero si trova nel suo *Insegnare a vivere*[212] (Raffaello Cortina, 2015). La sua genitura colpisce per l'affollamento della I casa dell'oroscopo, in cui spicca la quadruplice congiunzione Sole-Mercurio-Marte-Plutone, con Plutone a pochi gradi dall'Ascendente.

Stéphane Mallarmé (Parigi, 18 marzo 1842 alle 7:00). Poeta simbolista. «La vita di questo poeta, esteriormente sbiadita, può apparire in contrasto con la grande efficacia ch'egli ebbe sul movimento letterario del suo tempo e più ancora su quello del nuovo secolo. Ma in realtà la diuturna, tormentosa, ascetica disciplina a cui egli si sottopose per realizzare il suo ideale artistico suppone una

---

[211] Thomas Mallon, *The complex orbits of Wernher von Braun*, The New Yorker, 22/10/2007 (consultato il 3/2/2016)
[212] Mario Porro, *Edgar Morin. Insegnare a vivere*, Doppiozero, 20/5/2015 (consultato il 3/2/2016)

vita, quale fu la sua, raccolta nell'ombra e rifuggente dal rumore mondano. ... Di Baudelaire egli ha ereditato il sensuale misticismo, oscillante tra l'accarezzata tristezza carnale e il bisogno d'evasione, crudele nella sua inanità, verso paradisi carnali anch'essi, ma d'una trasfigurata e sublimata carnalità: ne ha ereditato, e anche questo è un aspetto di quel sensuale misticismo, la tendenza a concepire la poesia come una sapiente opera incantatoria.[213]» Osserviamo la congiunzione Marte-Plutone in Ariete, all'Ascendente, temperata da Saturno in Capricorno al Medio Cielo e dall'affollata casa XII dell'oroscopo.

Marte congiunto a Plutone – Plutone al Discendente

Paolo Boringhieri (Torino, 4 luglio 1921 alle 20:00), editore. Fonda una casa editrice tuttora all'avanguardia nel panorama editoriale italiano. Si vota interamente al suo lavoro e dedica una cura pressoché maniacale alle traduzioni di autori come Freud e Jung. È da sottolineare il fatto che l'opera omnia di C. G. Jung è stata tradotta dal tedesco solo in due lingue: l'inglese e l'italiano. Osserviamo una triplice congiunzione Luna-Marte-Plutone, di cui Marte-Plutone collocata al Discendente.

Harold Pinter (Londra, 10 ottobre 1930 alle 14:00) drammaturgo tra i più importanti del secolo scorso, premio Nobel per la letteratura nel 2005. «Tutte le sue opere, pur nella loro diversità, hanno in comune delle caratteristiche fondamentali: le situazioni sono quotidiane, avvolte da un alone di mistero e minaccia a volte angoscioso, in esse si muovono personaggi con motivazioni non spiegate e ambigue, che si esprimono attraverso un dialogo teso e serrato, con ritmi precisi, di cui il silenzio è parte integrante; il linguaggio è solo apparentemente naturale.[214]» «Dopo le prime commedie che si caratterizzano per alcune forti ambientazioni sottoproletarie e situazioni claustrofobiche (si pensi ai due killer professionisti di *The dumb waiter* o al barbone che tenta d'installarsi come guardiano nello squallido appartamento dei due fratelli Aston e Mick in *The caretaker*; e si vedano *The room* e *A slight ache*, dove

---

[213] Mallarmé, Stéphane, di Pietro Paolo Trompeo, in Enciclopedia Treccani, 1934. (consultata il 3/2/2016)
[214] Enciclopedia Treccani, Lessico del XXI secolo (2003):

luoghi intimi e domestici stanno per essere violati dall'irrompere di una minaccia esterna tanto improvvisa quanto inesplicabile), Pinter ha via via privilegiato ambienti borghesi e finanche intellettuali, senza mai smentire la sua propensione a una drammaturgia disturbante, che non offre allo spettatore né la gratificante indignazione del teatro di denuncia né la sorridente evasione della commedia d'intreccio e piuttosto rinvia alle atmosfere enigmatiche di S. Beckett e di F. Kafka. Nascono così i drammi maggiori, teatrali e televisivi, in cui l'ambiguità di rapporti segnati spesso dall'ombra di un passato misterioso, le fedi tradite e i fallimenti, trovano espressione in dialoghi magistralmente orchestrati sui toni del parlato, ricchi di equivoci, fraintendimenti, inconcludenze.[215]»

Una genitura fortemente plutoniana: Sole in quadratura a Plutone, Luna in sestile a Plutone, triplice congiunzione Marte-Giove-Plutone al Discendente. Sole in casa VIII.

Dane Rudhyar (Parigi, 23 marzo 1895 alle 00:42, secondo lui stesso), uomo dai molteplici interessi: artista, compositore, astrologo di fama internazionale. Fonda la scuola di astrologia umanistica. André Barbault, che ne ha studiato il pensiero, e conosciuto personalmente, lo ha definito "il miglior pensatore dell'astrologia del XX secolo... un poeta dell'astrologia, un metafisico dell'astrologia.[216]"

Triplice congiunzione Marte-Nettuno-Plutone al Discendente, dalla parte della casa VI, il che renderebbe conto dei problemi di salute che hanno contraddistinto la sua lunga vita. Deceduto a 90 anni.

Rudof Steiner (Donji Kraljevec, odierna Croazia, 25 febbraio 1861 alle 23:15). Filosofo, scienziato, pedagogo, scrittore, conferenziere, esoterista, veggente. Fondatore del movimento antroposofico. Anche su Steiner sono state scritte intere biblioteche; mi limito a sottolineare lo straordinario afflato spirituale di questo "profeta" cristiano e la sua instancabile attività di divulgatore antroposofico. Era dotato di energie pressoché sovrumane, che gli consentirono di produrre parecchi libri e portare avanti un'intensissima attività di conferenziere (se ne contano circa 6.000) in diversi paesi europei.

---

[215] Treccani, Enciclopedia Italiana, VII appendice, voce a firma di Luigi M. Cesaretti Salvi: (consultate il 4/2/2016)

[216] André Barbault parla. Piccola antologia. Autopubblicato presso Amazon.it, 2015, p. 420.

Il suo cielo natale evidenzia la congiunzione Marte-Plutone al Discendente, ben sostenuta dal sestile lanciato dal Sole.

Marte congiunto a Plutone – Plutone al Medio Cielo

Simona Ventura (Bentivoglio, 1 aprile 1965 alle 22:25), attrice e conduttrice televisiva. Intervistata dal settimanale *Gente* nel luglio 2015 dichiara: «Determinazione, grinta e coraggio non mi sono mai mancati. Nel lavoro sono sempre andata avanti a testa alta, a schiena dritta, come un panzer. Nella vita, sono sopravvissuta a momenti difficili: la separazione, attacchi pesanti, sgambetti, delusioni e voltafaccia. Mentre vivi questi momenti, senti le gambe tremare ma oggi... Da un po' di tempo, ho imparato a fermarmi e a vivere di più le persone e le situazioni. È un traguardo per me. E anche nel lavoro, scelgo che cosa fare, senza che però mi assorba totalmente come accadeva anni fa, quando ero in tv quasi ogni giorno. E avevo due figli piccoli a casa...[217]»

Alla nascita il suo cielo mostra una triplice congiunzione Marte-Urano-Plutone incollata al Medio Cielo. Una grinta amplificata dai suoi quattro pianeti in Ariete.

Marte in opposizione a Plutone – Plutone al Medio Cielo

Giovanni Falcone (Palermo, 18 maggio 1939 alle 16:35). Magistrato. Simbolo, insieme a Paolo Borsellino, della lotta alla mafia. Dopo avere conseguito la maturità classica, entra nell'accademia militare di Livorno, che abbandona dopo poco per iscriversi alla facoltà di giurisprudenza. Ama praticare gli sport: atletica, ginnastica, canottaggio e nuoto. Dopo la laurea entra in magistratura e nel 1979 avviene la sua vera svolta professionale e di vita, allorché passa all'ufficio istruzione della sezione penale. La sua instancabile lotta alla mafia comincia con l'inchiesta che coinvolge un potente imprenditore edile palermitano. Leggiamo: «Falcone aprì quel libro e non dovette faticare molto per ritrovarsi con le mani nella melma. Un pozzo nero che conteneva di tutto, compreso i primi morti. Il processo Sindona era un cancro che affondava le radici

---

[217] Fabio Morasca il 26/7/2015 riporta su Blogo un articolo apparso su *Gente*

nella mafia palermitana e allungava le metastasi fino agli Stati Uniti, passando per quell'altra palude che era il mondo politico finanziario dentro cui si muoveva Michele Sindona.[218]» Con l'intensificazione dell'attività investigativa di Falcone, crescevano di pari misura l'isolamento, i messaggi trasversali, le minacce formulate in modo ambiguo e oscuro, i piani per eliminarlo. «Era sfuggito a due attentati. La prima volta all'Ucciardone, quando un detenuto, killer delle carceri, tentò senza successo di farlo fuori nella sala colloqui. Poi la dinamite a Mondello. Eppure non ha mai pensato di ritirarsi. Parlava molto della "sua" morte. Diceva: "Sanno che per uccidermi devono pagare un prezzo altissimo. Per farmi fuori devono ricorrere alla strage. Ma se sarà necessario, non esiteranno". Non erano guasconate. Nelle sue parole non ho mai colto il tono della sfida. Nel pensiero della morte, come in molti siciliani, c'era il suo rapporto con la vita.[219]» Riuscì a stabilire un rapporto di fiducia con il pentito Tommaso Buscetta, che permise di fare luce su numerosi atti criminali, sull'organizzazione e sul *modus operandi* di Cosa nostra.

La genitura di Giovanni Falcone espone un'opposizione Marte-Plutone lungo l'asse Fondo Cielo-Medio Cielo con uno scarto di soli 2°. Plutone al Medio Cielo riceve un sestile dal Sole e quest'ultimo lancia un trigono a Marte. Il Sole è collocato nell'VIII casa dell'oroscopo.

Sarebbe una grave omissione non dirigere lo sguardo al cielo natale di Paolo Borsellino (Palermo, 19 gennaio 1940 alle 14:35), che fu amico e collega di Falcone, anch'egli assassinato per mano della mafia. «Quando parliamo di Borsellino, non si può non fare un collegamento con la figura di Falcone. Insieme hanno segnato un'epoca. ... Per quello che è il mio ricordo, entrambi avevano una grande capacità di ironia e di autoironia. Non ho mai visto due persone così in pericolo scherzare sull'ipotesi della loro morte, ridere e sorridere di quello che poteva a loro capitare. Li vedevo affrontare ogni asperità sempre con una battuta e con il sorriso sulle labbra. Falcone più di Borsellino era uno stratega, ma i due si completavano perfettamente. ... Falcone era morto più di un mese prima. Era molto provato, come un animale che sapeva che stava per andare al macello. Gli abbiamo chiesto perché non si prendesse un po' di

---

[218] Francesco La Licata, *Storia di Giovanni Falcone*, Feltrinelli, Milano 2005, p. 60.

[219] Francesco La Licata, *Mi uccideranno, a costo di una strage*, La Stampa, 24/5/1992.

tempo per sé. Lui disse "Io devo andare avanti. Sono cosciente di avere poco tempo, ma è un impegno che ho preso ed è quanto devo a Giovanni Falcone." È stato un grande personaggio, come il protagonista di una tragedia greca: la storia di un uomo che sa di andare incontro alla morte e ci va perché lo deve fare, per il suo alto senso del dovere e della morale.[220]»

L'oroscopo radix di Paolo Borsellino evidenzia una tonalità di base di stampo nettuniano, tuttavia vi figura anche il Sole in opposizione a Plutone.

Beniamino Gigli (Recanati, 20 marzo 1890 alle 16:30). Tenore di grandissima notorietà e successo, considerato l'erede di Enrico Caruso. «Uomo generoso, dal carattere mite e sensibile, tanto da guadagnarsi l'appellativo di "cantore del popolo", conobbe un momento difficile allorché, per la sua partecipazione a film italo-tedeschi e alle numerose recite date all'Opera di Roma durante l'occupazione nazista, subì alcune contestazioni all'arrivo delle truppe alleate nella città ... Considerato il prototipo del tenore italiano, dominò per oltre quarant'anni le scene di tutto il mondo, divenendo uno dei beniamini del pubblico, e resta tutt'oggi, alla luce di una tradizione che dal romanticismo giunge sino ai nostri giorni, mirabile esempio di una vocalità naturale tipicamente italiana.[221]»

Nel cielo natale notiamo subito Marte in opposizione a Plutone lungo l'asse Fondo Cielo-Medio Cielo, corroborato dall'intervento del Sole, che lancia un trigono a Marte e un sestile a Plutone.

Mario Zoli (Faenza, 22 giugno 1939 alle 13:45), insegnante, astrologo, attore e regista teatrale. Posso parlare di Mario Zoli a ragion veduta, poiché l'ho frequentato e ho calcato le scene sotto la sua direzione. Persona di intelligenza pronta e brillante, spesso colorata da tinta polemica. Da un certo punto in avanti della sua attività teatrale, prese a dirigere praticamente solo una pièce, l'*Ognuno*, ispirato a un dramma medievale inglese, l'*Everyman*, successivamente riproposto in versione tedesca dallo scrittore e drammaturgo austriaco Hugo von Hoffmannsthal nel 1911.

In un depliant predisposto per illustrare succintamente lo spettacolo, così scriveva Zoli:

[220] Intervista a Francesco La Licata, 18/7/2012. (consultato il 4/2/2016)
[221] Alessandra Cruciani, Gigli, Beniamino, Dizionario Biografico degli italiani, Volume 54 (2000) (consultato il 4/2/2016)

Molti anni sono passati da quando, del tutto occasionalmente, lessi e trascrissi riga per riga tutto il testo dell'"Ognuno". Non avrei mai immaginato, allora, che a quelle pagine sarei rimasto legato per tanto tempo e che lo stesso sarebbe avvenuto per l' "AlterEgo" che all' "Ognuno", più che ad ogni altro allestimento, avrebbe legato il proprio nome. Se per ogni spettacolo infatti, dopo varie repliche e moltissime prove, sopraggiunge sempre un momento di saturazione, in regista e attori che chiedono "altro", per l' "Ognuno" ci è accaduto il contrario; non ci stanchiamo mai di scavare, approfondire, sondare.

Un lavoro in cui la Morte è il personaggio chiave e vero protagonista. Ho dedicato un omaggio all'amico prematuramente scomparso il 24 luglio 1995, consultabile sul mio sito internet.[222]

Il tema natale evidenzia Marte in opposizione a Plutone lungo l'asse Fondo Cielo-Medio Cielo, corroborato da un perfetto semisestile Sole-Plutone e la presenza di due pianeti nella casa VIII.

Mary Shelley (Londra, 30 agosto 1797 alle 23:20). Resa famosa per aver scritto *Frankenstein, o il moderno Prometeo* all'età di 19 anni. Vita difficile e movimentata, costellata da lutti: perde la madre un mese dopo la nascita, poi rapporto problematico con la matrigna; a 17 anni s'innamora del poeta Percy Bisshe Shelley, già sposato, e con lui fugge dall'Inghilterra, vivendo un clima di riprovazione morale e oberati di debiti. Perde i primi tre figli, e rimane vedova di Percy, che nel frattempo aveva sposato, dopo che la moglie di lui si era suicidata. Debole di salute durante gli ultimi dieci anni di vita.

Il tema natale della scrittrice mostra il Sole in opposizione a Plutone, la Luna in sestile a Plutone, e Marte in opposizione a Plutone lungo l'asse Medio Cielo-Fondo Cielo, con Plutone incollato al Medio Cielo.

Gad Lerner (Beirut, 7 dicembre 1954 alle 5:00). Giornalista, conduttore televisivo. Sul sito *cinquantamilagiorni.it* leggiamo[223]:

«Un carattere spigoloso, che risulta un po' antipatico a chi preferisce il buonismo imperante. Un passato da ribelle che non rinnega anche dopo aver attraversato le stanze del potere» (Claudio Sabelli Fioretti).

«Che sia cattivo non credo sia una novità, credo sia la sua prevalente natura. Non ha affatto un buon rapporto col prossimo: gli ho telefonato un paio di volte per esprimergli solidarietà e lui mi ha riattaccato. Uno lo vede

---

[222] *Il dramma di Ognuno nell'allestimento teatrale di Mario Zoli: attrazione per la morte o anticipazione di una fine precoce?* Pubblicato sul mio sito internet

[223] Cfr. cinquantamila.it (consultato il 12/2/2016)

e dice: guarda che simpaticone, ci vado a cena? Ma no, assolutamente no» (Walter Veltroni intervistato da Daria Bignardi nella trasmissione *Le invasioni barbariche*).

«Lo trovo opportunista, vile, corrivo, obliquo, venato di una certa infamia da primo della classe e delatore del vicino di banco, ma anche intelligente, colto, curioso, vitale e simpaticissimo come capobranco dei suoi figli, compagnone, militante, marito, animale da chiacchiera e convivio» (Giuliano Ferrara).

Gad Lerner, dopo aver scritto *Scintille*, fu querelato dal proprio padre per diffamazione[224].

Nato sotto l'opposizione Marte-Plutone, corroborata dal trigono che la Luna lancia a quest'ultimo.

Hans Erni (Luzern, 21 febbraio 1909 alle 20:30), definito il "Picasso elvetico". Pittore, incisore, disegnatore, scultore molto conosciuto in Svizzera e a livello internazionale. «L'aver vissuto due guerre lo aveva portato a sviluppare una notevole sensibilità per i temi della pace e dei diritti sociali. Fino all'ultimo si è battuto anche per la difesa dell'ambiente, impegno che gli è valso la Medaglia della Pace delle Nazioni Unite nel 1983, a New York.[225]» «La sua peculiare sensibilità per i temi della pace e dei diritti sociali lo vede contribuire a campagne elettorali a sostegno del diritto di voto alle donne e contro le armi nucleari. Impegno, che dalla seconda guerra mondiale gli costò la messa al bando fino agli anni Sessanta, e solo nel 2008 ricevette le scuse ufficiali dall'allora Presidente della *Confederazione svizzera* Pascal Couchepin.[226]»

Un combattente per la pace, che ha lavorato quotidianamente praticamente fino alla morte avvenuta all'età di 106 anni.

L'oroscopo di Erni colpisce subito l'occhio per l'opposizione Marte-Plutone lungo l'asse Fondo Cielo-Medio Cielo. Luna in quadratura a Plutone, Venere in trigono a Plutone, quest'ultimo al Medio Cielo.

---

[224] Quotidiano.net, 12/2/2010 (consultato il 12/2/2016)

[225] *È morto Hans Erni*, RSI news, 22/3/2015 (consultato il 15/2/2016).

[226] Gianni Marussi, *Hans Erni, il grande visionario della pittura svizzera in mostra a Locarno*, 8/4/2014. (consultato il 15/2/2016).

Bobby Fischer (Chicago, Illinois, 9 marzo 1943 alle 14:39). Il più grande scacchista del mondo contemporaneo. Da Wikiquote[227] traggo:

«[Dalla lettera aperta al presidente statunitense nel 2004] Ma quello di Fischer non è un caso comune. Sono un vecchio amico di Bobby fin dal 1960, quando vincemmo ex aequo al torneo di Mar-del-Plata. Bobby ha una personalità tormentata, me ne accorsi subito: è onesto e altruista, ma assolutamente asociale. Non si adegua al modo di vita di tutti, ha un elevatissimo senso della giustizia e non è disposto a compromessi né con sé stesso né con le persone circostanti. È una persona che agisce quasi sempre a proprio svantaggio. Non voglio difendere o giustificare Bobby Fischer. Lui è fatto così. Vorrei chiederle soltanto una cosa: la grazia, la clemenza. Ma se per caso non è possibile, vorrei chiederle questo: la prego, corregga l'errore che ha commesso François Mitterrand nel 1992. Bobby ed io ci siamo macchiati dello stesso crimine. Applichi quindi le sanzioni anche contro di me: mi arresti, mi metta in cella con Bobby Fischer e ci faccia avere una scacchiera. (Boris Vasil'evič Spasskij)»

«Nella estrema frontiera dei quozienti di intelligenze raggiunta soltanto da personaggi come Einstein, della memoria assoluta, della arroganza infinita del divo timido, Bobby Fischer si perdette. La sua mente costruita per calcolare le variazioni e le combinazioni possibile di pedoni, torri, regine e re arrivando a ridicolizzare il primo «computer scacchista» costruito dal Mit di Boston, si rivoltò contro di lui, come in una malattia autoimmunitaria del genio, cacciandolo in un labirinto di paranoia dal quale neppure lui avrebbe saputo più uscire. Si convinse di essere perseguitato dal governo americano, nonostante il Congresso avesse votato addirittura una legge *ad personam* per riconoscerlo come unico vero campione del mondo di scacchi. Sprofondò nel "complottismo" più torvo, vedendo la mano dello "sporco ebreo" dietro ogni catastrofe della storia e dietro ogni sua avversità. (Vittorio Zucconi)»

Era un plutoniano al 100%. Sole in sesquiquadratura a Plutone, Luna in quadratura a Plutone, Marte in opposizione a Plutone lungo l'asse Ascendente-Discendente, Saturno in sestile a Plutone, Urano in sestile a Plutone, Nettuno in sestile a Plutone. Plutone sta in casa I, distante 5° dall'Ascendente.

---

[227] Wikiquote italiano (consultato il 12/2/2016).

Chiudendo questo lavoro, desidero ora evidenziare solo il lato luminoso dell'archetipo, poiché credo che fino ad ora sia stato già adeguatamente rappresentato il lato oscuro. Inizio quindi con una persona davvero straordinaria, che molti italiani in età non più verde ricordano ancora: Alberto Manzi.

Alberto Manzi (Roma, 3 novembre 1924 alle 4:10). Ben conosciuto – forse un po' riduttivamente – come "Il maestro d'Italia" per via della conduzione della trasmissione televisiva *Non è mai troppo tardi*, grazie alla quale milioni di italiani si alfabetizzarono, fu una figura più complessa di quella di un semplice maestro elementare. La sua versatilità si evidenzia presto, mediante il contemporaneo conseguimento di due diplomi, quello magistrale e quello dell'istituto nautico. Poi si laurea in Biologia e successivamente anche in Pedagogia e Filosofia, e si specializza in psicologia. Preferisce abbandonare l'università, dove dirigeva la Scuola Sperimentale dell'Istituto di Pedagogia della Facoltà di Magistero dell'Università di Roma, per dedicarsi all'insegnamento elementare, che porterà avanti per quarant'anni di seguito. Quando realizza la famosa trasmissione televisiva, aveva già scritto parecchi testi di insegnamento e fiabe per bambini. Alberto Manzi era un intellettuale e un pedagogo, che per 20 anni di seguito in estate si recò nelle Ande per alfabetizzare i contadini poveri di quelle regioni. Questo solo per dare un esempio della stoffa dell'Uomo e del suo impegno sociale. Si scontrò ripetutamente con la burocrazia scolastica, fu punito e sospeso dall'insegnamento. «Per Andrea Canevaro, pedagogista che lo conobbe bene, era anzi "uomo di furori, di ideali, di delusioni, di ribellioni.[228]"» Persona di grande levatura morale, sempre pronto a battersi in solitaria per i suoi alunni, non appoggiato o sostenuto da partiti o sindacati. «Sovversivo senza partito. I colleghi impegnati, anzi, lo insospettivano: "Partecipano alle lotte politiche in modo fazioso, aspirano tutti a divenire sindaci. Raggiunto lo scopo si rivelano incapaci di fare sia i sindaci che i maestri.[229]" Il prof. Pino Boero

---

[228] Michele Smargiassi, *Manzi, maestro a suon di pugni*, La Repubblica 9/9/2007. (consultato il 16/2/2016)
[229] idem

commenta così la riedizione di alcune opere di Alberto Manzi: «Manzi lavorò molto (e bene) nel campo delle traduzioni, dello scolastico e del parascolastico, ma, grazie a libri fortunatissimi come *Grogh, storia di un castoro, Orzowei, La luna nelle baracche, El loco*, contribuì anche al rinnovamento della letteratura italiana per l'infanzia introducendo tempi importanti come la solidarietà, il pacifismo, l'importanza di mantenere l'equilibrio fra uomo e natura, la denuncia delle ingiustizie sociali.[230]»

L'oroscopo di nascita del *Maestro d'Italia* espone una triplice congiunzione Sole-Mercurio-Saturno in Scorpione in trigono a Plutone, che riceve anche il trigono di Marte e Urano. Un formidabile Grande Trigono tra segni d'Acqua, con Plutone che troneggia al Medio Cielo.

Johann Heinrich Pestalozzi (Zurigo, 12 gennaio 1746 alle 16:00). Pedagogo di fama europea. «Pestalozzi ha il grande merito di avere affermato e promosso instancabilmente la necessità dell'educazione popolare, di avere, cioè rivendicato il diritto del popolo all'istruzione. Il compito dell'educazione è, per il Pestalozzi, quello di portare ogni uomo al compimento della "sua destinazione", ossia di promuovere lo sviluppo della sua "natura" in relazione a tutte le sue facoltà e disposizioni. La "natura umana", che è spiritualità, libertà e attività, è pertanto il punto di partenza e di arrivo dell'opera educativa. Fare in modo che l'uomo si sviluppi conformemente alla sua "essenza spirituale", svolgere interamente e armonicamente le sue potenze, prepararlo a esercitare consapevolmente i suoi doveri di uomo e di cittadino.[231]»

C. G. Jung confessa un debito di riconoscenza nei confronti di Pestalozzi, che cita più volte nel suo saggio *La psicoterapia oggi* (1945), quasi fosse un precursore. Addirittura chiude il suo importante *La psicologia della traslazione* con queste parole: «Se dunque le mie conclusioni generali coincidono a volte quasi alla lettera con le idee di Pestalozzi, le ragioni più profonde di questa coincidenza non vanno ricercate in una mia specifica conoscenza degli scritti di questo grande educatore, ma nella natura delle cose: nella comprensione di ciò che è l'uomo.[232]»

---

[230] Cfr. sito internet di Pino Boero (consultato il 16/2/2016).

[231] *Enciclopedia Filosofica*, Sansoni, Firenze, 1967, col. 1548.

[232] C. G. Jung, *La psicologia della traslazione*, Opere, Vol. XVI, Boringhieri, Torino, 1981, p. 326.

La genitura del grande pedagogo evidenzia i seguenti aspetti: Sole in sestile a Plutone, Luna in sestile a Plutone e Marte in perfetta quadratura a Plutone. Il tutto assistito, come abbiamo già visto in altri grandi personaggi, da Nettuno collocato esattamente sull'Ascendente.

Tommaso Campanella (Stilo, 5 settembre 1568 alle 6:30[233]) Sacerdote e frate domenicano. Filosofo, teologo, politologo, utopista, astrologo. Un sia pur sommario sguardo al pensiero e vicende di vita di Campanella lascia davvero stupiti per la vastità di interessi e di produzione, e per le vicissitudini che accompagnarono l'intera sua esistenza. Trascorse la maggior parte della sua vita in prigionia o in esilio, fu ripetutamente e atrocemente torturato, perseguitato dall'autorità civile e dalla Chiesa; per diversi anni la detenzione fu particolarmente dura (quella in Castel Sant'Elmo a Napoli "orrida fossa sotterranea cieca e umida, con ferri alle mani e ai piedi") e, recluso a Napoli dal 1599, poté riacquistare la libertà a Roma solo nel 1629, per poi subire l'ostinata persecuzione di padre Niccolò Riccardi, consultore del Sant'Uffizio, quindi è costretto a riparare in Francia nel 1634, dove muore serenamente nel 1639. I suoi libri, molti dei quali scritti in carcere, furono ripetutamente sequestrati e molti andarono perduti. «Spirò santamente, alle 4 del mattino del 21 maggio, fra le preghiere dei confratelli del convento domenicano, e venne sepolto nell'attigua chiesa dell'Annunziata; la Rivoluzione, abbattendo nel 1795 (per sostituirlo con un mercato) l'edificio che aveva dato asilo e come alle riunioni dei giacobini, ha cancellato ogni traccia del suo sepolcro.[234]» Fu processato più volte e più volte sottoposto a supplizi che avrebbero sottomesso l'uomo più risoluto, ma il suo spirito sempre rimase indomito. Nel 1600 simulò la pazzia come unico modo per salvarsi la vita e in questa circostanza superò anche la tortura della "veglia" dalla quale uscì fisicamente stremato e per lungo tempo inabile a muoversi. Campanella, a quel tempo già grandissimo erudito e profondo conoscitore dei classici greci e latini, rifiuta il suicidio «e paragona se stesso al profeta Giona, a sua volta tipo e figura della morte e risurrezione di Cristo: come questi accetta di venire inghiottito dal ventre della balena, per poi uscirne ed

---

[233] Sono debitore alla cortesia della prof. Germana Ernst, insigne studiosa della biografia e del pensiero campanelliano, per avermi trasmesso copia dello studio *Una natività manoscritta di Campanella* (Bruniana & Campanelliana, 2007/2) che definisce senza alcun dubbio l'esatta ora di nascita del grande erudito.
[234] Luigi Firpo, *Dizionario biografico degli italiani*.

eseguire il comando divino, Campanella sceglie di inabissarsi nel carcere (che non esiterà a dire "peggiore di mille morti") per preservare, con la vita, il messaggio profetico di cui è portatore.[235]»

Si può affermare con certezza che fra' Tommaso percepisse sé stesso come profeta, ma come definire il suo carattere? Scrive Gianfranco Abate:

Carattere molto complesso e ricco di sfaccettature ... ambizioso, passionale, divorato dalla brama di conoscere ... amò ostentare in atteggiamento di sfida e anche nelle occasioni meno indicate il suo stile filosofico; un po' vate e un po' predicatore ... grintoso ed estremamente perspicace, dalla personalità impetuosa e irrequieta, dotato di un'altissima levatura morale e di una memoria prodigiosa ... nulla riuscì a piegare la sua ferrea e indomita volontà, né lo indusse a tradire l'amore per l'autonomia di giudizio e la libertà.[236]

La genitura di Campanella è fortemente dissonante: colpisce subito lo sguardo il Grande Quadrato e nell'insieme si conta due aspetti positivi: il sestile di Mercurio a Giove, collocato nel suo domicilio del Sagittario in casa III, il che potrebbe render conto della sterminata produzione del frate, e il trigono Marte-Nettuno. Oltre a questi, si notano solo dissonanze, non solo tra pianeti rapidi e lenti, ma pure tra gli stessi lenti. Un cielo complessivamente assai difficile, in cui spiccano i ruoli prevalenti di Saturno e Plutone, con quest'ultimo che in questa sede c'interessa maggiormente, poiché forma opposizione con il Sole, accompagnato da Venere. Il grande intellettuale fu capace di trasformarsi, e non ebbe mai timore della morte; lo rivela una frase assai significativa pronunciata mentre veniva trascinato in catene a Gerace per subire nel 1599 il processo per presunta cospirazione contro lo stato spagnolo. «disse anco il Campanella con un capo di squadra quando veneva priggione da Squillaci a Hierace che non si trovava morte, ma che era una mutatione di un essere ad un altro.[237]» Fu dotato di una creatività sbalorditiva e assurse alle più alte vette morali e spirituali; la sua

---

[235] Germana Ernst, *Tommaso Campanella*, Laterza, Roma-Bari, 2002, p. 75.
[236] Gianfranco Abate, *Tommaso Campanella, filosofo calabrese di fama europea*, p. 5. Sta in *Del senso delle cose e della magia* a cura di Filiberto Walter Lupi, Rubbettino, Soveria Mannelli, 2003, ebook.
[237] Germana Ernst, *Tommaso Campanella*, cit., p. 68

lunga carcerazione può essere assimilata a un *descensus ad inferos* e al soggiorno nelle cavernose profondità del regno delle ombre.

Gian Lorenzo Bernini (Napoli, 7 dicembre 1598, sconosciuta l'ora). Scultore, architetto, pittore, scenografo. Con la sua arte, ha dominato il '600 e trasformato, dandole lustro, la città di Roma. Non è questa la sede per sciorinare il lungo elenco delle sue opere, che si possono facilmente reperire in un buon testo di storia dell'arte. Ai nostri fini interessa piuttosto cercare di penetrare il carattere di questo sommo artista, che sapeva lavorare il marmo come se fosse cera, e piegarlo alla sua volontà, facendogli assumere le più svariate sembianze: foglie, corda, stoffa, acciaio, carne vivente. Un grande trasmutatore. Diversamente dalla grandiosa staticità di Michelangelo, le figure di Bernini sembrano muoversi, sospirare, saltare, divincolarsi, gridare, quasi a voler sfidare la forza di gravità che vorrebbe trattenerle ai piedistalli. Lo scultore riesce a cogliere il preciso istante di un passaggio di stato all'altro, come nella trasformazione di Dafne che sfugge alla bramosia di Apollo: nel momento in cui il dio raggiunge e ghermisce la ninfa, le sue dita germogliano in ramoscelli e i piedi si radicano al suolo.

I biografi e i ritratti ce lo descrivono di media altezza, piuttosto magro, di carnato bruno, di capelli neri abbondanti divenuti candidissimi ma sempre folti con l'età; l'occhio vivacissimo nell'occhiaia fonda sotto le sopracciglia vellose e lo sguardo intenso, riflesso d'un temperamento di fuoco, pronto ad esplodere in accenti di facile ira. Parlatore fortemente espressivo, procedeva nel discorrere per immagini visive com'è proprio dei pittori e degli scultori, accentuando la parola con la mimica del volto dai lineamenti marcati e col gesto. L'esuberanza del suo temperamento lampeggiava nello sguardo come nell'azione.[238]

E di fuoco ce n'era veramente tanto, nel cielo di nascita di Bernini, come presto vedremo. Metteva tutta la sua passione nel lavoro, come nella vita affettiva. Il grande artista aveva raggiunto l'età di 39 anni senza sposarsi, e le cronache narrano che intrattenesse una relazione con Costanza Bonarelli, moglie di un suo aiutante, di cui nel 1637 scolpì un bellissimo busto ad uso proprio, e senza committenza. Era tuttavia Costanza poco costante in amore e Gian Lorenzo venne a sapere che lo tradiva con Luigi, il proprio

---

[238] Roberto Papini, *Bernini Gian Lorenzo*, Enciclopedia Treccani (1930). (consultato il 24/2/2016)

fratello minore. Lo scultore di primo mattino si appostò nei pressi della casa di lei, e ne vide emergere il fratello su cui si lanciò per ucciderlo. Luigi si salvò a stento e successivamente fu spedito a Bologna dal papa Urbano VIII. Non contento di avere fracassato le costole di Luigi nella colluttazione, lo stesso pomeriggio il Bernini inviò un servo a casa dell'amante con l'ordine di sfregiarla con un rasoio, compito che fu puntualmente eseguito. Il papa "suggerì" al suo protetto di sposarsi con Caterina Tezio, cosa che avvenne poi con mutua soddisfazione di entrambi i coniugi, che generarono undici figli.

L'erotismo e la vitalità di Gian Lorenzo trovarono in seguito impareggiabile espressione nella scultura commissionata dalla ricca famiglia Cornaro, per adornare la loro cappella nella chiesa di Santa Maria della Vittoria a Roma. L'immagine di Santa Teresa in estasi è fin troppo nota; preme qui sottolineare che Bernini seppe ancora una volta cogliere l'attimo in cui le componenti fisica e spirituale del momento estatico si fondono e trascendono la dimensione materiale e umana, per librarsi trasfigurate in una dimensione "altra". Il fuoco che arde d'amore Santa Teresa non è forse il medesimo fuoco che animava l'arte del sommo scultore? Non a caso, sia la Santa che il Maestro nacquero sotto un cielo natale fortemente caratterizzato dall'elemento Fuoco. Vediamo.

Poiché manca l'ora di nascita di Gian Lorenzo, dobbiamo accontentarci di studiare l'oroscopo privo della ripartizione in case. Il Sole è perfettamente congiunto a Marte in Sagittario, e insieme lanciano un trigono alla congiunzione Urano-Plutone in Ariete, la quale – a sua volta – sta in trigono a Nettuno in Leone. La Luna è certamente in Ariete, e forse si sta congiungendo a Plutone (il grafico calcolato per mezzogiorno colloca la Luna a 11° in Ariete). In ogni caso, è indubitabile che sia una genitura di Fuoco, con Plutone che riceve aspetti da tutti i pianeti, eccetto Mercurio e Venere. Solo un plutoniano avrebbe potuto rendere con tale maestria, a soli 23 anni di età, il "Ratto di Proserpina" che per il suo verismo fa ancora oggi meravigliare i visitatori della Galleria Borghese.

Carl Gustav Jung (Keswil, 26 luglio 1875 alle 19:30). Psichiatra, psicologo. È un dato di fatto che non sia possibile identificare il genio dallo studio di un oroscopo, ed è questo il caso di C. G. Jung. Mi sono soffermato lungamente sulle astralità del Maestro svizzero in altra mia pubblicazione[239] dimostrando, credo *ad abundantiam,* che Jung era fortemente segnato dalla sua perfetta quadratura Sole-Nettuno. Tuttavia, sappiamo anche che non esiste personalità tagliata con l'accetta, essendo essa un *unicum* complesso su cui intervengono numerosi fattori, quindi molto difficilmente è definibile in base a un solo parametro. In questo caso interviene a mio avviso anche la congiunzione Luna-Plutone, con quest'ultimo pianeta che si trova angolare al Fondo Cielo.

Come tutte le personalità creative, Jung aveva un'enorme capacità di lavoro: lo attesta la mole dei suoi scritti, ora raccolti in un'opera omnia di 18 volumi, a cui devono aggiungersi le trascrizioni dei seminari: *Visioni, I sogni dei bambini, Zarathustra, Analisi dei sogni,* solo per menzionare i più noti. Né deve trascurarsi l'attività d'insegnamento e la pratica professionale. Ma non è tutto. Si tende a dimenticare che il grand'uomo era dotato artisticamente: «Verso la fine degli studi, per circa un anno si dedicò intensamente alla pittura, dipingendo in stile figurativo paesaggi che testimoniano una perizia notevole e una padronanza tecnica estremamente raffinata.[240]» È sufficiente sfogliare le immagini a corredo de *Il libro rosso,* scritto in elegante grafia simil gotica, per rendersene conto. Ma Jung era anche un profeta, molto – forse troppo – avanti per il suo tempo. Fra l'ottobre 1913 e il luglio 1914, egli ebbe visioni che preludevano all'imminente scoppio della terrificante I guerra mondiale. Così scrive Jung:

> In ottobre, mentre ero in viaggio da solo, fui all'improvviso colpito da una sorprendente visione: una spaventosa alluvione dilagava su tutti i territori, da nord a sud, posti tra il Mare del Nord e le Alpi. ... Mi resi conto che si avvicinava una terribile catastrofe: vedevo i violenti flutti giallastri, le fluttuanti macerie delle opere della civiltà, gli innumerevoli morti, e infine il mare divenuto di sangue.[241]

Ma non è tutto, perché fu proprio in quel fatale anno 1913 che Jung intraprese la sua personale discesa nelle oscure profondità dell'inconscio. Così ce lo racconta:

---

[239] *I mille volti di Nettuno*
[240] Sonu Shamdasani, introduzione a *Il libro rosso di C. G. Jung,* Boringhieri, Torino, 2010, p. 196.
[241] *Ricordi, sogni riflessioni di C. G. Jung,* Rizzoli, Milano, 1978, p. 217.

Era la festività dell'Avvento, nel 1913 (il 12 dicembre), quando mi risolsi al passo decisivo. Ero seduto alla scrivania, meditando ancora una volta sui miei timori. Poi mi abbandonai. Improvvisamente fu come se il terreno sprofondasse, nel vero senso della parola, sotto i miei piedi, e precipitassi in una profondità oscura. Non potei fare a meno di provare un senso di panico; ma poi, di colpo, a non grande profondità, poggiai i piedi su una massa soffice, viscida. Ne provai sollievo, sebbene fossi ancora in una quasi totale oscurità. Dopo un po' i miei occhi si abituarono al buio, che era piuttosto simile a un profondo crepuscolo. Dinanzi a me c'era l'entrata di un'oscura caverna, dover si trovava un nano.[242]

C'è quindi abbastanza materiale che ci consente di intravedere una non trascurabile componente plutoniana nella personalità di Jung. Ma, prima di allora, il Maestro aveva già avuto modo di fare esperienza del simbolismo plutoniano vivente nella persona di sua madre. Il ricordo del figlio:

Ero sicuro che in lei c'erano due personalità: una innocua, umana, l'altra inquietante. Quest'ultima si manifestava solo di tanto in tanto, ma ogni volta inattesa, e tale da incutere timore. Allora parlava come se si rivolgesse solo a se stessa, ma ciò che diceva si riferiva a me, e di solito colpiva le intime fibre del mio essere: mi lasciava senza parole. ... C'era un'enorme differenza tra le due personalità di mia madre: ed era per questo motivo che da bambino la vedevo spesso in sogni angosciosi. Di giorno era una madre amorevole, ma di notte mi appariva inquietante: era come una di quelle veggenti che sono al tempo stesso uno strano animale, come una sacerdotessa nella grotta di un orso. Arcaica e spietata, spietata come la verità della natura.[243]

Sarebbe forse fin troppo facile cadere nella tentazione – non senza qualche buona ragione, astrologicamente parlando – di interpretare la congiunzione Luna-Plutone nell'oroscopo di Jung all'idea che egli s'era fatto della propria madre, e tuttavia ritengo che ciò sarebbe un po' banale e riduttivo; a mio avviso fu proprio l'esperienza del rapporto con la madre che espresse la sua prima e basilare esperienza con l'inconscio. Sarebbe troppo azzardato affermare che fu proprio da quella radice che tutto ebbe inizio? In ogni caso, egli non si limitò a calarsi nell'inconscio per esplorarlo, seppe anche operare quella sintesi che, per mezzo

---

[242] *Idem*, p. 221.
[243] *Idem*, p. 79.

dell'*immaginazione attiva*, lo portò a concludere la sua vita come essere pienamente individuato. «La sintesi di contenuti coscienti e inconsci e il rendere coscienti effetti archetipici sui contenuti della coscienza rappresenta il risultato più alto degli sforzi psichici e della concentrazione di forze psichiche, quando viene compiuta consapevolmente. ... L' "immaginazione attiva" ci pone in condizione di scoprire l'archetipo, e precisamente non mediante uno sprofondamento nella sfera istintuale, che porta soltanto a un abbassamento di coscienza incapace di conoscenza o peggio ancora a un surrogato intellettualistico degli istinti.[244]» Divulgando instancabilmente il suo pensiero, Jung esercitò appieno il compito ultimo del plutoniano autenticamente luminoso, che è quello, in ultima analisi, di agire per il bene della società, se non dell'umanità, perché è un individuo maggiormente in grado di trasformarsi. Trasformando se stesso, trasformerà anche il collettivo.

---

[244] *Riflessioni teoriche sull'essenza della psiche*, Opere, Boringhieri, Torino, 1983, Vol. VIII, pag. 228.

Giunti alla fine del viaggio, occorre porsi un interrogativo: che cosa ci resta in mano? Abbiamo sbirciato nella vita di parecchie persone, per quel che ci è dato di sapere da notizie biografie raccolte qua e là. Qual è stato il rapporto tra avvenimenti esteriori e movimenti dell'anima? Non lo sappiamo. Siamo partiti con l'intento di distillare l'essenza di Plutone basandoci sulla descrizione delle sue caratteristiche, già tentata da altri studiosi. Compito non facile poiché, come sappiamo, l'osservatore influisce – sia pure inconsapevolmente – sui risultati del fenomeno osservato. Sono ben vaste le differenze tra le varie personalità segnate dall'archetipo! Non ci è neppure di alcun conforto, partendo dal dato astrologico, operare una differenziazione tra situazioni cosiddette "armoniche" da quelle "disarmoniche", utilizzando una terminologia che si addice più alla musica che a una disciplina umanistica come l'antica scienza degli astri. E nemmeno si può lasciare il lettore con l'impressione di aver letto un'elencazione più o meno raffazzonata, priva di un filo d'Arianna che ci aiuti a trovare l'uscita dal labirinto. È quindi una molto personale riflessione, quella che sottopongo, senza pretenderne efficacia di verità assoluta.

La prima impressione che si ricava è quella della forza, dell'energia, della potenza, del carisma, delle risorse psichiche a disposizione e sprigionate dalle personalità plutoniane. Che cosa permette a Mick Jagger di essere ancora sulla cresta dell'onda a 72 anni suonati, e sopportare le fatiche di tour molto impegnativi che sfiancherebbero persone molto più giovani? E di quali immense energie era dotato Rudolf Steiner, che fondò una dottrina esoterica che conta centinai di miglia di seguaci, scrisse parecchi libri e articoli, senza dimenticare le 6.000 conferenze tenute negli anni in varie città europee? E che dire di Georges Simenon e della sua sterminata produzione letteraria e insaziabile erotomania, che lascia sbalorditi? Michelangelo era in grado di scolpire furiosamente il marmo per ore e ore, cosa che artisti più giovani non riuscivano a fare. E dipinse da solo, in quattro anni di lavoro, la volta della Cappella Sistina, nel frattempo litigando anche con il Papa Giulio II. Un'impresa sovrumana, tanto da fare esclamare a Goethe: «Senza aver visto la Cappella Sistina non è possibile formare un'idea apprezzabile di cosa un uomo solo sia in grado di ottenere.» Per quanto riguarda il carisma, è istruttiva la vicenda di politici nati in famiglie di umili origini che, partendo da zero, si sono arrampicati ai vertici di sindacati o partiti politici, come Sergio Cofferati e Fausto Bertinotti; oppure di personaggi che da poveri sono diventati ricchissimi, come John D. Rockefeller.

I plutoniani spiccano per forte personalità, manifestandola talvolta nell'inflessibile lotta solitaria contro sovrastanti poteri politici e istituzionali. Sono capaci tanto di edificare opere titaniche di ogni genere, quanto di distruggere cose e vite di altre persone. Alberto Manzi, autentico pedagogo, ha lottato per tutta la vita, da solo, senza sostegni, contro la rigidità e l'ottusità della burocrazia scolastica, per esclusivo amore dei suoi piccoli scolari, mentre Francisco Franco si è ribellato contro il legittimo governo repubblicano spagnolo, distruggendo spietatamente tutti i suoi avversari e instaurando una dittatura oscurantista durata per decenni. Martin Luther King si pone addirittura in contrasto con lo Stato dell'Alabama (e lotta contro la mentalità razzista imperante negli Stati del Sud) al fine di abolire le leggi razziali. Il suo movimento è non-violento, ma viene assassinato. Amedeo Guillet fu un guerriero che rifiutò di arrendersi a soverchianti forze avverse nell'Africa Orientale Italiana e in pratica combatté una guerra personale. Non fu mai vinto, e riscosse l'ammirazione e il rispetto dei suoi nemici, per poi diventare un diplomatico di carriera.

La lotta per il potere è una costante nei politici plutoniani: talvolta è una lotta per avere il potere fine a sé stesso, altre volte per esercitarlo democraticamente nell'interesse della collettività. Ad esempio, Joseph Fouché è partito dal nulla per assurgere alle vette dello Stato, tramando, minacciando, ricattando e diventare ricchissimo, invece Robespierre voleva il potere per purificare la nazione e tutelarne le masse dei diseredati, e per ottenere questo risultato non esitò a ricorrere al Terrore. Licio Gelli ha esercitato un potere occulto, restando dietro le quinte, e condizionando la politica italiana, mentre De Gasperi si mise al servizio dell'Italia, uscita in rovine e stremata dalla guerra.

La prima deduzione che si può pertanto trarre è che Plutone è in qualche modo collegato al potere. Come venga esercitato questo potere, se per il bene o per il male, se a vantaggio dell'individuo o della collettività, è tutt'altra questione da risolvere.

Anche lo stupratore e il criminale in genere esercitano un potere, questa volta sul corpo o sui beni delle loro vittime. Nel caso di violenze sessuali, il plutoniano manifesta all'esterno arcaiche pulsioni provenienti dalle profondità oscure della psiche, che risalgono ai tempi preistorici. Quindi, Kevin Coe stupra ripetutamente vittime sempre diverse, dopo averle osservate attentamente e altrettanto attentamente programmato i suoi assalti, fino a quando viene finalmente catturato e assicurato alla giustizia. Klaus Kinski stupra per anni di seguito la figlia Pola, e forse anche Nastassja; lo fa senza alcun rimorso. Marc Dutroux oltre a violare, uccide le sue piccole vittime, mentre Václav Mrázek abusa dei cadaveri di giovani donne, perché le uccide prima. Donato Bilancia si sente onnipotente nel provare la sensazione di poter disporre della vita delle donne che manda a morte. Del resto, è assai noto il proverbio siciliano *cummannari è megghiu ri futtiri* (comandare è meglio che fottere) dove per altro il potere del comando e l'attività sessuale si presentano affiancati. A volte sono i plutoniani a essere vittime di abusi sessuali, come la cantante Veronica Ciccone (in arte Madonna) o il musicista Carlos Santana. E chissà quanti altri, che non hanno avuto il coraggio di ammetterlo.

I satanisti cercano il dominio sugli elementi e sulla Natura e i loro capi non esitano a esercitare un dominio anche sessuale sui loro adepti.

Plutone e la sua "casa" VIII sono anche collegati alla morte. Che sia morte fisica o morte di un vecchio *Io* che prelude alla nascita di una personalità nuova, anche questo resta tutto da vedere. Fernando Pessoa perde il padre a cinque anni, Mary McCarthy perde entrambi i genitori all'età di sei anni a causa dell'epidemia di spagnola, Baudelaire rimane anch'egli orfano di padre a sei anni, e George Grosz, a sua volta, a otto anni. Hanno tutti una casa VIII affollata. Talvolta la morte che segna un'intera esistenza è quella di un'altra persona, come nel caso di Alberto Stasi: la Suprema Corte di Cassazione con sentenza definitiva lo ritiene responsabile della morte della fidanzata Chiara Poggi, e lo spedisce in carcere. La casa VIII di Stasi ospita la triplice congiunzione Sole-Mercurio-Marte, mentre il segno dello Scorpione si leva a oriente. E c'è anche chi del contatto con i defunti ha fatto una ben remunerata professione, come il medium americano James van Praagh con i suoi cinque pianeti in VIII. Victor Hugo cerca di mettersi in contatto con la figlia defunta per mezzo di ripetute sedute medianiche e s'è molto scritto su Pasolini e la sua inconsapevole ricerca della morte, che lo coglie violentemente a 53 anni, nel pieno della sua maturità artistica. C'è anche chi muore nel fiore degli anni, come i "poeti maledetti" Comte de Lautréamont spentosi a 24 anni e Artur Rimbaud a 37.

Elémire Zolla e Fernando Pessoa sono stati esperti di esoterismo, quindi di morte iniziatica e trasformazione. L'ultimo libro di Zolla è intitolato *Discesa all'Ade e resurrezione*, un titolo assai significativo. Warren Kenton è un cabalista sefardita che afferma di avere memoria delle sue precedenti incarnazioni e il veggente Rudolf Steiner, secondo quanto lui stesso ci racconta, viaggiava frequentemente nei mondi spirituali. Gustavo Adolfo Rol (che altrove ho classificato e commentato come nettuniano[245]), aveva Plutone incollato al Medio Cielo e, secondo il suo grande amico Federico Fellini, era in grado di viaggiare nel tempo.

Alla fin fine, l'esoterismo altro non è che esplorazione di mondi occulti, ansia di svelamento di segreti, portare alla luce cose nascoste, apprendere insegnamenti iniziatici, calarsi in dimensioni oscure per riemergere dotati di conoscenze nuove e trasformanti. Ci sono aspetti comuni con lo speleologo, il paleontologo e l'archeologo. André Barbault sottolinea anche la vicinanza di queste tre categorie di scienziati all'idea dell'arcaico, del primordiale, del primitivo, e propone un elenco composto da diversi nominativi a dominante plutoniana a sostegno della sua tesi[246]. Tesi che a mio avviso trova conferma anche nella straordinaria avventura dell'italiana Cristina Lanzoni. L'esplorazione degli abissi e degli oscuri meandri della psiche è invece appannaggio dello psicoanalista, e il pensiero va inevitabilmente a Sigmund Freud, con il suo Plutone al Discendente e la sua coraggiosa investigazione della nostra notte interiore: *eros* e *thanatos*, pulsioni di vita e di morte. C. G. Jung completa e supera l'insegnamento di Freud, travalicando lo scandagliamento della psiche individuale per lanciarsi nel mondo degli archetipi, in armonia con la sua congiunzione Luna-Plutone al Fondo Cielo, accompagnata dalla perfetta quadratura Sole-Nettuno, una combinazione che gli apporta la dote della *participation mystique* e lo mette in grado «di vedere la gente e le cose come sono realmente.»

In francese, *la petite mort* (piccola morte) è una metafora per l'orgasmo, e in effetti l'attività sessuale fa parte del bagaglio pertinente ai valori più volte richiamati, costituiti dal fascio

---

[245] Cfr. il mio *I mille volti di Nettuno*.
[246] *Uranus-Neptune Pluton*, cit.

Scorpione-Marte-Plutone-casa VIII. Torniamo ancora una volta alle numerose relazioni di Mary McCarthy, alle 10.000 donne di Simenon (in massima parte prostitute) e alle intemperanze di Mick Jagger, David Bowie, e di chissà quanti altri loro colleghi del mondo dello spettacolo.

Anche i grandi capitali, le grandi ricchezze appartengono al regno di Plutone. Possono essere costruite dal nulla, come quelle dei *robber barons* americani, di cui John D. Rockefeller è il massimo esponente, oppure ereditate, come nel caso di Francesca Vacca Agusta. Un recente caso di denaro ereditato è quello di Fausto Bertinotti, con il suo mezzo milione di euro piovuto dal cielo, ben indicato dal suo Sole in casa VIII nell'oroscopo di nascita.

Amico lettore, ora tu starai forse scuotendo la testa pensando: volevo delle linee guida per l'interpretazione del *mio* Plutone, e invece – di fronte a tanta varietà di manifestazioni, tanto diverse le une dalle altre – sono più incerto e magari anche più confuso di prima. Il mio suggerimento richiama l'antico motto degli alchimisti, che hai letto in esergo: *Visita Interiora Terrae Rectificando Invenies Occultum Lapidem*. Scendi dentro te stesso, esplora le tue caverne, fruga, cerca, insisti senza stancarti. Persisti nel cammino senza deflettere, anche se avrai paura, anche se incontrerai i "mostri" di cui scriveva Baudelaire (di cui certamente egli fece esperienza), "i mostri che abbiamo dentro" che Giorgio Gaber cantava. Agirai come Dante nel suo pellegrinaggio, e gradualmente dentro di te qualcosa cambierà, e si rispecchierà pure all'esterno; sarà così che capirai il tuo Plutone e, *Deo concedente*, potrai dire di averlo incontrato ed essertelo fatto amico, *e torni a riveder le belle stelle*.

INDICE

DELLO STESSO AUTORE

Il punto dell'astrologia, autopubblicato presso Amazon, 2014, 2018

Astri e destino, autopubblicato presso Amazon, 2015

I mille volti di Nettuno autopubblicato presso Amazon, 2015

Eros e Thanatos nel giardino dell'astrologia, autopubblicato presso Youcanprint e Lulu, 2016

Tipologia psicologica e tipologia astrologica, autopubblicato presso Amazon, 2017

Pratica degli aspetti astrologici, autopubblicato presso Amazon, 2017

I pittori naïf nella cornice astrologica, autopubblicato presso Amazon, 2017

Quando il destino chiama. Cronache dal futuro, autopubblicato presso Amazon, 2018